斯坦福
极简
经济学

2

THE
INSTANT
ECONOMIST 2

蒂莫西·泰勒（Timothy Taylor）——著

王艺璇 姚兰 彭翠岩——译

北京联合出版公司
Beijing United Publishing Co.,Ltd.

图书在版编目（CIP）数据

斯坦福极简经济学. 2 / (美) 蒂莫西·泰勒著；王
艺璇, 姚兰, 彭翠岩译. -- 北京：北京联合出版公司，
2021.12
　　ISBN 978-7-5596-5688-9

　　Ⅰ.①斯… Ⅱ.①蒂… ②王… ③姚… ④彭… Ⅲ.
①经济学 Ⅳ.①F0

　　中国版本图书馆CIP数据核字（2021）第225273号

斯坦福极简经济学2

作　　者：[美] 蒂莫西·泰勒
译　　者：王艺璇　姚　兰　彭翠岩
出 品 人：赵红仕
责任编辑：郭佳佳
装帧设计：水玉银文化

北京联合出版公司出版
（北京市西城区德外大街83号楼9层　100088）
北京联合天畅文化传播公司发行
北京美图印务有限公司印刷　新华书店经销
杭州真凯文化艺术有限公司制版
字数215千字　880毫米×1230毫米　1/32　10印张
2021年12月第1版　2021年12月第1次印刷
ISBN 978-7-5596-5688-9
定价：68.00元

目录

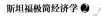
03　宏观经济政策

04　资本市场

05　政府行为

06　国际市场

07 企业与市场

08 市场不运转

序

你在经济运行中扮演着重要角色

知道吗，我们每个人都是厉害的演员，在一部名为《经济》的电影中一人分饰多个角色，有时候你扮演消费者，有时候是公务员、高管或创业者。一转身，你可能又去扮演贷款人的角色了。尽管你努力想演好每个角色，但因为场景不停在变，所以你经常会感到困惑。

比如有时候，你想购买某个产品，但价格远远高于你的预期；有时候，你想买的东西很便宜，还可以货比三家。有时候，你被解雇了；有时候，你被高薪挖走。有时候，银行向你推荐贷款；有时候，银行却拒绝了你的贷款请求……有时候剧情发展顺利，有的时候剧情却烂得可怕，你非常想知道这是为什么。

如果把"经济"比作电影，那么研究这部电影的整个剧情，就被称为经济学。在本书中，我将从你了解的为数不多的经济学知识开始讲起，逐渐引入经济学家常用的术语和概念。我会教你理解经济学的思维和知识，了解中国经济和世界经济的运行方式，教你如何在经济学思维的帮助下，在生活中作出更好的决策和选择。

本书将从三个方面介绍经济学。首先，我会教你想象和使用循环流向图（the circular flow diagram），这是一种最基本的经济学思维方式。其次，我们要学习分辨微观经济学与宏观经济学之间的差异。最后，我会和你探讨与中国经济相关的问题，以及为什么中国经济吸引了全世界经济学家的目光。

我们先来简单认识一下循环流向图。它是在你的大脑里设想主要流程，以及经济运行过程的一种可视化方式。循环流向的概念涉及两大类经济参与主体，其中一个主体是家庭。要特别说明一下，这里所说的家庭，可以是一个人、一对有孩子的夫妻，也可以是住在一起的几个年轻人或老年人。另一个主体是生产者或者说公司，它可以是私营公司或国有企业，规模可大可小。家庭和公司都是参与市场经济的主体，从经济学角度看，两者主要在三个领域相互作用，我们称之为市场。

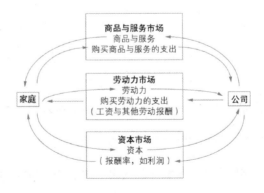

图0-1 循环流向图

它们相互作用的第一个市场被称为商品与服务市场。企业生产的商品和提供的服务流向家庭，而家庭用于购买这些商品和服务的支出又流回企业，这是循环流向中的第一个循环。用经济学家的话来说，企业是商品和服务的供给方，而家庭是商品和服务的需求方。

第二是劳动力市场。劳动力从家庭流向企业：当你或家人出去工作，被公司聘用，就是劳动力从家庭流向企业的表现。而劳动所得通常又以薪资报酬的方式，从企业流回家庭。这是循环流向中的另一个循环，在这个循环里，家庭是劳动力的供给方，而企业是劳动力的需求方。

第三个重要市场是金融市场。金融市场的一方是那些有钱的、有存款的家庭或公司，我们称之为储蓄方。而另一方是需要借钱的，它可能是一个想要买房或买车的家庭，也可能是一家想要借钱建造新工厂的公司，我们称之为贷款方。资金从储蓄方流向贷款方，贷款方获得回报后会把钱以本金加上利息的方式还给储蓄方。这是循环流向图中的第三个循环。

现在想象一下，以上这三个循环互相流动，相互作用，对经济中的其他方面会产生很大的影响。比如，假设劳动力市场变化引起工资上涨，这将会改变家庭的购买力，这时，也许你会选择购买更多消费品，也可能会选择改变在金融市场上的投资金额，比如存更多存款或买更多股票。

现在，我们来加大一点难度，把政府考虑进来。政府得到的财税收入，以另一种方式，比如说政府服务的形式流回到各个家庭。或者我们也可以将循环流向图应用到国际贸易领域。你可以看到出口商品流出、出口支付流回，进口商品流入、进口支付流出以及各种形式的国际资本投资循环。

经济学研究通常分为微观经济学和宏观经济学。微观经济学研究的是个人和单个企业的决策。它是关于消费、工作和储蓄的个体决定；是关于某家公司生产什么以及如何生产的决定。而宏观经济学是对整个经济的研究。它着眼于一个国家或地区整体的经济规模、经济增长，如失业率、通货膨胀、国际贸易等。

我们不妨用刚学的循环流向图来考虑一下微观和宏观的差异，看这种思维方式管不管用。在商品市场，微观经济学研究的是企业和消费者做出的单个决定。而宏观经济学聚焦于总量，即总产出量以及如何增长。在劳动力市场，微观经济学是关于人们对某份工作的决定以及企业决定雇用多少人、支付多少工资，而宏观经济学则涉及整个经济体的总就业和总失业的问题。在金融市场，微观经济学聚焦于人和企业，以及他们如何储蓄和投资。宏观经济学则关心整体经济的运行状况，例如银行如何运作或股市如何运作，巨大的房地产市场有哪些运作模式。

微观经济学和宏观经济学，其实就是以两种不同的方式来看待同一个东西。想象一下，有两个人正在研究一片森林，其中一个人着眼于微观层面——森林里有哪些树、哪些动物和鸟类，森林的土壤里有些什么；另一个人则将森林视为一个整体——森林面积的扩大或缩小是否使整个森林系统更健康，环境变化或者人类活动对森林面积的影响有哪些。这两个人在研究同一片森林，但他们有着不同的侧重点、不同的目标。如果你想了解一片森林，这两个人都能教你一些必需的知识。

在大学任教授的经济学家们往往专门研究微观经济学或宏观经济学中的一小部分。但是，如果是刚开始讨论经济学这个话题，我们就需要综合这两方面的视角。我们想要描述经济是如何运行的。如果经济运行出问题了，那么原因在哪？

在微观经济方面，我们将讨论市场如何运作，环境污染如何影响贫困或不平等，市场如何鼓励教育和技术进步。在宏观经济方面，我们首先要学习一些经济学专有名词，如GDP、经济增长、失业、通货膨胀和顺差逆差等。一旦了解了这些概念，我们就可以探讨政府政策如何影响它们，比如政府的财政政策、央行的货币政策、涉及国际贸易条约和争端的政策对你个人都有哪些影响。

本书的第三部分将会围绕中国经济学展开，探究世界各地的经济学家都在关注中国的原因。

从1978年起，中国开始了一系列经济体制改革。40多年间，中国的经济发展非常迅速，人民工资和生活水平显著提高。为了让你对中国经济的变化有更具体直观的认知，我们来简单对比一下中美两国的经济情况。1978年，美国是世界上最大的经济体。那一年，美国的经济规模大约是中国的20倍，而中国人口是美国的4倍。40年后，美国经济规模几乎增长了两倍，但中国经济发展迅速，已经和美国的经济规模大致相当。我认为，在未来两年，中国可能会超越美国，成为世界上最大的经济体。

当然，由于中国的人口比美国多很多——中国大约有14亿人口，是美国人口的4倍，所以，如果以人均水平来看，美国仍然远超中国，大约是中国的4倍。但对比40年前，美国的人均经济规模是中国的60倍，这就能看出，中国已经实现了非常重大的飞跃。中国贫困线以下的人口（贫困线定义：每人每天大约18元人民币的消费水平）比例从1978年的99%下降到现在的11%左右。在20世纪70年代后期，中国人的预期寿命只有66岁，而现在，这个数字已经提高到76岁。20世纪70年代后期，中国15岁及以上人口的识字率为66%。而现在，中国人口的识字率达到96%。经济学和经济增长带来的变化正在以多种方式影响着中国的教育、健康和生活水平。我将在后面的章节中详细地探讨中国的这些改革。

01
经济学视角

人性与稀缺 VS 钻石与水

经济学是一门研究如何将稀缺资源进行合理配置的科学，而每个国家都有各自的经济特点。这句话意味着：一个国家存在于什么年代，这个国家的政府是否有作为，这些都不重要，重要的是，当我们思考经济学问题时，我们需要一种有效的思维方式或思维框架，来适用于所有国家的不同情况。

通过前文，大家已经了解了经济学中常用的一些主要概念和思维方式，包括循环流向图、微观经济学和宏观经济学的区别。接下来，我希望通过另外几个步骤继续构建我们的经济学工具包。

经济学其实并不复杂，它研究的议题只有一个核心，那就是生产什么、如何生产和谁来消费。任何社会都必须解决与生产者和消费者行为有关的三大基本问题，以及它们如何相互交织在一起。所以，这三大问题是世界上任何一个国家、任何人都无法回避的。

当然，并不是所有的国家都以同样的方式回答这些问题。在考虑这些问题答案的所有可能性中，有两种极端情况：一种是个人或者家庭和公司共同做出大部分决定，另一种是政府做出大部分决定。

让我们先从其中一种极端情况开始分析：假设关于生产什么、如何生产以及谁来消费的大部分决定都由家庭和企业共同做出，会怎样呢？这种情况就意味着政府只提供非常基本的服务。比如：政府会提供治安保护，以避免违法行为的发生；政府会强制合同的执行，保护公民的合法财产；政府也负责国防安全。除此之外，政府还会提供一些公共服务，比如道路、消防、公共教育、科学研究、颁布污染防治法律等等。

当然，政府还承担着更多的任务。比如，要为养老计划、国家医疗体系出力等等。这就是我说的第一种极端情况：如果关于生产什么、如何生产以及谁来消费的大部分决定都由个人或者家庭和企业共同做出，那么政府将会承担上面所提到的工作和角色。

现在，我们再想象一下另一种极端情况，也就是假设关于生产什么、如何生产以及谁来消费的大部分决定是由政府做出的。在这种情况下，你的工作、你的房屋，都会由政府来分配，政府还会告诉企业要怎么做，并设定所有商品和劳务费用的价格。

但其实，在现实世界中，完全由个人或完全由政府说了算的国家并不多见。绝大多数还是两者相结合。现代经济学研究发现，在一些领域，家庭和企业的决策效果相当好。而在某些领域，其决策就会失灵。在一些领域，政府的决策效果很好，而在有的领域效果则不好。

为什么会出现这样的差别？这就涉及资源稀缺性、选择和权衡的重要性。我们不妨回想一下前文提到的三大基本问题：生产什么、如何生产以及谁来消费。如果我们仔细思考一下，就会注意到这三个问题都涉及一个关键词：选择。对于个人而言，这些选择通常由消费者在决定购买什么东西时做出。消费者的选择包括住面积大的房子还是面积小房子、买什么或者不买什么。同样，员工也需要做出选择，决定自己在公司工作还是自己创业，节省多少还是支出多少，把钱存在银行还是尝试投资股票和房产。

企业也要做出很多选择。企业要决定如何生产、雇用多少工人，工人分别需要什么技能、需要支付多少工资；需要购买多少设备、是否需要新设备、是否需要开发一些新技术。

政府当然也要做出选择，包括征收哪些税种，分别征收多少税款；今年政府要支出多少钱，都用在什么地方；政府是否应该借一些钱来平衡政府债务；由政府来运行经济的某些部分还是将它留给私营企业；当涉及到价格或环保规则或其他问题时政府应该对经济进行多大程度的调节等等。

俗话说，经济学是一门关于"选择"的科学，因为资源是有限的，所以必须做出选择。选择在经济学中如此重要，以至于有时可以直接用它来定义经济学。1932年，英国经济学家莱昂内尔·罗宾斯在一篇论文中定义了经济学。这也是学界第一次正式把稀缺资源的合理配置作为经济学的研究对象。今天仍然有人在阅读和研究这篇文章。罗宾斯是这样说的：可供我们支配的时间是有限的。一天只有24个小时，我们必须在时间的不同用途之间进行选择。我们既没有永恒的生命，也没有无限满足需求的手段。无论我们转向哪里，如果我们选择一个东西，我们就必须放弃其他东西。如果转换一下场景，你可能就会选择其他东西。人的欲望不可能随时随地都能被满足，这是一种普遍状态。通俗的解读也就是：罗宾斯认为，经济学是一门研究如何应对资源稀缺性的人类行为科学。这就是经济学科的研究主体，即人们在应对资源稀缺问题时采用的方法与手段。

这里有一个关于稀缺和选择的问题，该问题被经济学家谈论了200多年，还乐此不疲。这个问题就是：钻石和水，哪个更有价值？这个问题的答案似乎显而易见，也许，只有经济学家才会对此有所怀疑。但你不妨再往更深的层面想一下。水是人类生活的基本必需品，没有水，人是无法生存的。虽然钻石可以做成珠宝首饰，在工业上也有一些用途，但钻石并不是人类生活的基本必需品。这样看来，水真的很宝贵。但为什么水很便宜，钻石却如此昂贵呢？这就涉及到稀缺性。钻石是稀缺的，很难找到。相比

之下，水更容易被找到。甚至，水有时还会从天而降，而钻石不
会从天上掉下来。

我们再换个角度想，假设你有一个装满钻石的口袋，但你被
困在沙漠中，身边一滴水都没有。在这种情况下，你一定会愿意
拿钻石去换水。换句话说，一个东西的价值取决于它在某一时刻
是否稀缺。另外，资源的稀缺性是客观存在的。稀缺是我们无法
逃避的事实。没有人能够得到自己想要的一切。对于大多数人而
言，我们的选择受限于我们手里有多少钱，但即使是世界上最富
有的人，他们的一天也只有24个小时。时间对世界上每一个人而
言都是稀缺的，所以，我们不得不做出选择。正如经济学家所说
的那样，我们都面临着权衡取舍。我们生活在一个资源稀缺的世
界。当我们做选择时，如果我们想要一个东西，我们就必须放弃
一些其他的东西。我们的角色、我们的选择以及我们的权衡取舍
也就构成了经济学的主题。

当我们谈到这些选择和权衡时，经济学是一种分析方法，而
不是答案。另一位著名的经济学家凯恩斯曾说过：经济学不是一
种教条，它只是一种方法，一种思维的技巧，帮助拥有它的人得
出正确的结论。换句话说，经济学并不会给你答案。经济学并不
是预测未来的算命师。经济学是一种思维方式，它能帮你看透制
度、法律、市场背后的经济学逻辑，科学地权衡利益得失，做出
最优的选择。这种方法非常强大，不同的人可以利用它得出不同
的结论。有趣的是，经济学家之间也经常会有分歧。

以身边的"看病难"现象为例，有些经济学家可能会说，国家应该让政府发挥主导作用；而其他经济学家可能会说，在一国的医疗体系中，个人与家庭、企业及保险公司都应该发挥重要作用；还有人可能会试着将这两种方式相结合。然而，即使这些经济学家有不同意见，他们也会用相同的术语和经济学原理来阐述观点。他们都同意存在资源稀缺、选择和权衡的问题。他们只是在分析问题时，运用了不同的视角。

为什么有的人够聪明却不够富有？

几年前，我去看望我的父母。我发现他们的锅具很旧，有些锅已经变形了，锅盖也盖不严实，甚至有一些锅的锅盖都不见了。他们一直没舍得买新的，但却十分乐意带着我、我太太和我的3个孩子去高档餐厅用餐。似乎总有一些东西可以让你毫不犹豫地掏钱，而另一些东西，即使非常实用，你也不愿意为此买单。为什么呢？这涉及权衡和取舍的问题。

接下来，我将分3步带你来探讨这个话题。首先，我要告诉你经济学家是如何思考权衡取舍的。其次，我会告诉你什么是机会成本（opportunity cost），这是经济学家用来权衡取舍的一个概念。最后，我们将讨论沉没成本（sunk cost），这是最容易被忽略的一个重要概念。

我们先来说说经济学家是如何思考权衡取舍的。经济学家认为，有得必有失，所以他们会很认真地对待权衡取舍，以免遭受更严重的损失。而大多数普通人在面对选择时，都没有认真地去思考、去权衡。举一个常见的公共政策的例子。很多国家，包括中国和美国都会向企业征税。普通人都认为企业应该多缴税，如果企业多缴了税，个人就会少纳一部分税。但经济学家听到这个观点时会说：企业只是一个组织而已。羊毛出在羊身上，当企业支出增加，钱必然是从消费者的口袋里流出来的。也许企业会提高产品价格，来覆盖税款；也许企业会降低员工的薪水，来减少开支；又或许购买了企业股票的人回报率会变低。也就是说，当企业缴税时，钱不是凭空而来的，它必定来自个人的腰包。我曾经和一个非经济学领域的朋友谈过这个话题，我的朋友听完我的解释后说：我不喜欢以这种方式思考。

我非常理解他的想法。很多人，包括政客，都不喜欢思考权衡取舍，因为他们不愿意放弃一些东西。那么，我们如何才能让自己成为一个理性的决策者呢？我们需要引入一个经济学中的重要概念：机会成本。

经济学家说，某个东西的成本就是你放弃做其他事情的机会，而大多数普通人都只是在思考金钱方面的成本。比如，你们一家人在泰国旅游，花掉的12000元是你认为旅游产生的成本，而经济学家会思考你因旅游而放弃的其他东西。比如，如果你没有休假，你会做什么，会不会创造出一些价值？如果这趟旅行的花费均摊到一年12个月就是每月1000元，这笔钱本来可以用在别的地方，像是一顿大餐、一场表演，或者好几次短途旅行。这笔钱甚至可以省下来，借给他人以解燃眉之急，或是仅仅用来缓解你钱包没有钱的紧张感。这就是去旅游产生的机会成本。但经济学家不会告诉你该怎么选择，经济学家只是提醒你：你必须保持清醒，并慎重考虑自己的选择。

其实有时候，我们在做选择前已经下意识地在考虑机会成本了。有一天，我去买衬衣，看中了一件，但是有点贵，而另一件普普通通，但是很便宜。我们在购物的时候，应该都有过类似的体验。有些东西，我们会选贵的买；而有些东西，我们会选择最便宜的那个。那是因为，我们在考虑这些"钱"的机会成本——得到一件贵的衬衣以及零剩余，或者一件便宜的衬衣以及一些剩余的钱。

还要注意的是，在生活中，并非所有的权衡都是以金钱为标准的。比如你上大学的机会成本。上大学要花钱，这是明面上的财务成本，但别忘了还有时间成本。如果你选择不上大学，那你就可以去工作，获得收入和经验。因此，上大学的成本不仅仅是你实际支付的学费，还包括你放弃去工作的机会成本。尽管上大学是值得的，但你必须承认机会成本确实存在。

再比如，你花钱买了个大房子，住房子的成本看起来很低，甚至几乎为零，但你是否想过住房子的机会成本是多少？如果你搬到一个更便宜的地方，你可能就可以省下一部分钱去旅行，或者投资在孩子的教育上。我并不是说哪个选择更好，我想告诉你的是，只看到现金支出的成本会掩盖真正的成本。有时候，当你把机会成本思考地更加清楚，也许你的选择就会不同。

再举一个例子，假设你每天都会在上班路上买一杯星巴克，不妨想一下买咖啡的机会成本是多少。如果你不是每天都买一杯咖啡，而是每周买一次咖啡，一年会节省多少钱，你会把那些钱用来做什么？

这个关于咖啡的例子还涉及短期和长期之间的权衡。通常我们很难考虑清楚一件事的好处到底有哪些，因为收益在未来，而成本却发生在现在。这时我们就需要考虑沉没成本。当你考虑沉没成本时，不仅要看这件事对自己有没有好处，还要看过去是不是已经在这件事情上有过投入。我们把这些已经发生、不可收回的支出，如时间、金钱、精力等统称为沉没成本。如果你过去有投入，而现在无法回收这些成本，那么你就不应该继续关注这些成本。因为它们已经成为过去时，你现在或将来的任何决策都无法改变它们。

举个例子，假设你买了一张电影票，看了半个小时后发现这电影太烂了，你完全提不起兴趣。但是你来都来了，钱也花了，这个时候，你会如何选择？选择坚持看完，还是选择马上离开？让我们用经济学的思维思考一下：你花在票上的钱就是你的沉没成本，那些钱回不来了。如果你坚持看完这场电影，你的机会成本是你放弃的两个小时的时间，你本可以用这两个小时的时间去做更有意义的事。所以，这时你应该忽略买票的沉没成本，抓住机会成本，果断起身离开。

不仅是个人，很多公司也应该考虑沉没成本。试想一下，一家试图研发新产品的公司。他们在新产品上花费了大量的时间、精力和金钱，但他们无论如何也成功不了。他们还应该继续吗？这种情况下，你需要将沉没成本从你的大脑中抹去，通过比较成本和收益，判断继续坚持下去是否有意义。

什么决定了长城脚下草莓的价格？

2018年春天，我有幸在清华大学讲课，在休息时间，我去游览了长城。游览结束，开车回市区的路上，我看到路边有人在卖草莓。我想停下来买一些。但作为经济学家，我习惯性地问自己，这些草莓的价格是由什么决定的？下面我们就来讨论是什么决定了长城脚下草莓的价格。这个问题涉及两个重要的经济学概念：供应和需求。

从最基本的层面考虑，如果有人愿意买也有人愿意卖，那就可以定价了。然而，关于买卖的决定总是取决于更复杂的背景：有多少人想买，有多少人想卖？你不仅仅需要考虑买卖问题，还要考虑需求和供给问题，以及它们是如何交织在一起以实现均衡的。

要解答上面的问题，我们首先需要了解经济学家眼中的需求是什么概念，经济学家所指的供给又是什么意思。

经济学家认为：需求是指某个东西价格与需求量之间的关系。换个方式来说：草莓价格与草莓需求量之间有什么关系？答案显而易见，价格越高，需求量就会越低，如果价格不断下降，需求量就会慢慢变大。

我现在教你如何用经济学思维来思考需求。在你脑海里，想象一个坐标轴，横轴表示需求量，纵轴表示需求量所对应的价格。那么，需求将是一条向下倾斜的曲线。它表明，随着价格越来越高，需求量会越来越低。

那为什么价格上升，需求量就会下降呢？经济学家给出了两个原因。第一个原因是替代效应（substitution effect）：随着价格上涨，人们会考虑购买其他可替代的商品。比如，如果猪肉价格上涨，那我们可以选择吃牛肉、羊肉、鱼肉或者蔬菜。因为猪肉价格上涨，找到其他可替代的食物并不是什么难事。但有些情况，你很难找到替代品。比如，如果你为了治病，需要服用某种特定的药物，这时就很难找到替代品。这就涉及另一个经济学概念：弹性，这一点我会在后面的章节中做深入讨论。

价格上升，需求量就会下降的另一个主要原因是收入效应。收入效应（income effect）是指，当某个商品价格上升时，你手中钱的购买力就会减弱。

你无法用同样的钱买到跟以前一样多的东西。随着价格的上升，你不得不权衡你的购买行为，你可能会减少某种东西的购买量。但不论如何，当某个商品的价格上升，你手中的钱的购买力就会下降。在这里我要强调的是：需求与需求量并不是同一个概念。需求量是指对于既定价格，也就是对于某种给定价格的商品的需求数量，但需求是价格与需求量之间的关系。需求增加，意味着在一个既定价格上，人们对商品的需求量增多。需求下降，意味着在一个既定价格上，人们对商品的需求量会降低。学会区别这两个概念后，我们再继续加深思考：是什么引起了需求的变化呢？

其中一个原因是收入。如果人们的收入提高，那么在价格不变的情况下，需求量将会增大。另外，在人口增加的情况下，无论价格如何变动，需求量也都会增大，因为人都要吃饭。需求还会受到口味变化的影响。比如，突然火起来的网红产品，即使价格不变，需求量也会增大。反之，如果人们不喜欢某个商品，转而喜欢其他商品，无论价格如何变化，对这个商品的需求量都会降低。

另一个引起需求的变化原因是：替代品的价格变化。说回前面讲到的例子，如果猪肉的价格上涨，人们可能会购买鱼肉来代替猪肉，但如果鱼的价格也上涨了呢？一旦鱼的价格高到让你接受不了，权衡之下你也许还是会选择购买猪肉。不管猪肉如何定价，人们对猪肉的需求和需求量都会增加。这就是第一个话题：经济学家眼中的需求到底是个什么概念。

接下来，我们来谈谈供给。当经济学家说商品供给时，他们指的仍然是供给量与价格之间的关系。

还是以路边卖草莓为例。试想一下你是老板，你正在卖草莓，在定价很高的情况下你还能把草莓都卖出去，那你是不是会进更多的草莓，然后继续出售？如果现在草莓不好卖，需要定一个比较低的价格才会有人来买，那你也许就不想继续卖草莓了。当然，这种思维不仅仅适用于草莓，还适用于大多数商品。如果价格上涨，生产者会希望加大供给量，因为这是一个赚取更多钱的机会。同时会有很多新的生产者也想进入这个市场分一杯羹。但如果价格下降，生产者就会希望减少供给量。

同样，你也可以在脑海里想象一个图表，横轴表示数量，纵轴表示价格，供给曲线是一条上扬的曲线：当价格越高也就意味着供给量越大。

那是什么导致了供给的变化呢？在考虑这个问题的时候，我要重申一下：供给是一种关系，是供给量与价格之间的关系，所以供给变化意味着当价格给定时，供给量发生了变化。这是为什么呢？

其中一个原因是技术：技术能让企业降低生产成本，用同样的钱生产和供应更多的产品。气候也会影响某些产品的供给，比如农产品。你可以想象，好气候意味着好收成，好收成供给量就大。而干旱或强降雨这样的恶劣气候条件就可能会导致农产品供给量的下降。

另外，供给也可能受到生产成本的影响。想象一下，一家公司的生产需要使用大量石油或钢材。如果石油或钢材的价格上升，在既定价格上供应的产品数量将会减少。

现在，我们把上面关于供给和需求的想法汇总起来。想象一下，供给和需求是如何相互作用以实现均衡的？

首先，我要告诉你均衡（equilibrium）是什么意思。还是说回草莓的例子，在草莓价格很低时，供给量也很低，而需求量会很高。但随着价格慢慢上升，供给量开始增多，需求量开始下降。在某个价位上，需求量等于供给量。当需求量等于供给量时，也就达到了平衡点。这个平衡点对应的价格就是均衡价格。这时需求量和供给量是一样的，这个数量就是均衡数量。

供需中内生的经济力量，通常会不自觉地朝着均衡价格和均衡数量推动。现在，想象一下销售价格高于均衡价格的情况。

由于商品的价格高于均衡点，供给量将超过需求量，需求量会低于供给量。还是以卖草莓为例，对卖家而言，拥有的草莓数量超出了消费者的需求量，为了处理掉这些草莓，卖家就会开始降价。随着草莓价格下降，人们买草莓的热情越来越高。也就是说，如果草莓的销售价格高于均衡价格，价格会随着时间的推移而下降，最终走向价格均衡和数量均衡。

反之，如果商品的销售价格低于均衡价格，那么需求量将超出供给量。卖家意识到他们放在货架上的商品会很快卖光，为了赚更多的钱，就会提高价格。这种情况下，价格最终会走向均衡价格，实现需求量与供给量相等。

均衡价格及均衡数量可以被认为是一个平衡点，因为需求量与供给量相等，所以也不需要涨价或降价。

这里要强调的是，均衡点是市场经济的倾向，但这不是说市场总是处于均衡状态，而是说供需量正在向均衡价格和均衡数量的方向推进。经济学家有时会说，均衡是有效率的。他们的意思其实是说在均衡状态下，没有造成任何浪费。一台高效的机器不会有多余的动作，也不会有多余的部件，没有造成任何浪费。经济学上的均衡也同样如此。如果价格长期高于均衡价格，那么供给量就会高于需求量。结果就是，商品堆放在货架上，没有人购买。很显然这是一种浪费。

如果价格低于均衡价格，也就是需求量高于供给量，买家会排队等着去买根本不够的商品。这显然也是一种浪费。价格和数量均衡的情况，意味着愿意接受市场价格的所有卖家都能够找到买家，愿意支付市场价格的所有买家都可以找到卖家。

你可能觉得这很抽象，其实，你只要记住：需求曲线只是意味着消费者在寻找他们喜欢的商品。如果价格下降，他们会购买更多。如果价格上涨，企业会想生产并销售更多产品。而生活中，购买商品的消费者和生产商品的供给厂商，都是根据这些供求模式行事的。

什么时候该买，什么时候该忍？

在本节开始之前，先来思考一个问题：当你用剪刀剪一张纸时，剪断纸片用的是剪刀的上半部分刀片还是下半部分刀片？你也许会说，这个问题很简单，当然是剪刀的两个刀片都会用到。这个问题看似简单。早在150多年以前，经济学家们也争论过类似的问题：是什么决定了商品价格，是供给还是需求？1890年，英国著名经济学家马歇尔就表示这一争论毫无意义。他认为，和剪刀的问题类似，供给和需求都影响着价格。

接下来，我会教你一个思考模型，用以看清供给变化或需求变化是如何引起价格和产量变化的。

先从把你变成供需侦探开始。首先，你要在脑海里形成一个供需框架，形成这个框架的时候，你要思考的第一个问题是：是什么在影响着需求或供给？记住，需求的变化源于收入、品位和其他替代商品价格的变化。而供给的变化源于技术创新、天气或者生产成本的变化。一旦你了解了是这些因素在影响着供求，那你就可以思考第二个问题了：这种变化的方向是什么，它导致供求的增加还是减少？最后你需要思考：这种需求或供给变化将如何影响价格，它会引起价格的上涨还是下跌？

如果需求引起均衡价格的上涨或下跌，你需要考虑：它如何影响供给量？

如果供给引起均衡价格上涨或下跌，那么它如何影响需求量？

当你完成这些步骤，那么恭喜你，你已经学会思考关于需求或供给变化如何影响均衡价格和数量的经济问题了。

举个例子，大家日常所见到的虾通常是从养虾场里出来的。有的养虾场建在海边，有的养虾场建在池塘。就像陆地上的农场有时会遭受农作物病虫害一样，养虾场有时也会因为病害而大大减少产量。这些疾病有很多复杂的名字，其中有一些被统称为"早期死亡综合症"。包括中国在内的很多东南亚国家的养虾场，都曾经出现早期死亡综合症的爆发。2013年，世界市场上虾的价格上涨了大约50%——你光顾过的商场说不定就曾中过招。那么，作为一名供需侦探，你能够使用供需理论思考这件事情吗？

你当然可以。想想上面提到的步骤。在2013年，早期死亡综合症袭击虾市之前，市场有自己的一套均衡价格和均衡数量。而当虾的病害爆发时，你需要思考：病害是否会影响虾的供给或需求？答案是：当然会影响供给。如果供给受到影响，供给是增加还是减少？答案是：供给当然会下降。也就是说，无论虾的价格如何变动，供给量都将比以前少。

供给下降意味着虾的价格要上涨。所以你的答案是：价格会上涨。确定了价格会上涨，接下来你要思考，需求方会如何变动？在需求方面，价格上涨会使一部分人和餐馆减少虾的使用量，用其他食材取代虾。因此，最后的结果是：虾得病以后，导致更高的均衡价格和更低的均衡数量。

再来看一则有关沙市场的案例。沙子是一种用途广泛的重要原料，可以用于混凝土建筑，也可以用来铺路，同时也是制造沥青或玻璃等物品的原料。事实上，近年来，我们开始使用细沙从地底开采石油和天然气，也就是所谓的水力压裂法（fracking）。沙子的用途非常广泛，而且越来越重要，所以包括中国在内，全世界对沙的需求都在不断上升。

到现在为止，地球上并没有真正的沙市场，因为沙子非常重，不方便运输。但全球市场上的沙子价格一直在上涨。以美国为例，从2003年到2013年，沙的价格上涨了两倍。那么，作为一名经济侦探，你能够使用供需理论解释发生了什么吗？你当然可以。在沙市场大规模扩张以前，均衡价格和均衡数量取决于当前的供需状态。

混凝土的使用量在增加，石油和天然气的开采量在增加。你想一下，是需求在变还是供给在变？答案是需求。这会引起需求增加还是减少？答案是引起需求增加。换句话说，无论沙子价格如何变动，需求量都会变大。需求增大当然意味着价格上涨，而价格上涨又会带来供给量增大。现有的厂商将会扩张自己的生产规模，新公司也想进入市场，这会使供给量进一步增大。

因此，新的均衡意味着更高的均衡价格和更高的均衡数量。希望这两个例子能使你了解需求变化和供给变化是如何发挥作用的。

当需求或供给发生变化，将会对价格或数量产生多大的影响？这就是我们要讨论第三个话题，即弹性。"弹性"是经济学家常用的一个概念，指当价格变化时，需求量或供给量会发生多大的变化。

如果供给量或需求量随价格显著变化，就被称为弹性供给或弹性需求。如果供给量或需求量并没有随价格的变化而显著变化，就被称为刚性需求或刚性供给，也称为缺乏需求或供给弹性。

为了帮助大家理解这个概念，先来讲一个关于艺术家的例子。某位艺术家死后，随着大众开始知道他的死讯，他的作品在一段时间内就会变得更受欢迎。作为经济侦探，你会意识到这属于需求增大的情况，并会引起价格上涨。

但这种价格变化会对供给产生多大的影响？答案是：它不会影响供给。因为这个艺术家已经死了，他不会再有任何新作品了。这就是供给十分缺乏弹性的例子。价格对于供给根本没有影响。因此，当需求变化推动价格上涨时，供给不会有很大变化。在这种情况下，需求变化的影响将完全表现为价格上涨，而不是供给量增大。

再来看另一个例子——短期内收入增加带来的影响。从长远来看，中国经济正在发展，收入整体还会上升。你是否希望中国市场的价格或供给量因此抬高？你是否认为价格或供给量会受到更多影响？

收入增加就意味着需求变化，所以有人认为这会在一定程度上抬高价格。但供给量会对价格上涨作出何种反应？在短期内，供给量通常很难有快速变化，因为生产量已经确定，工厂已经建成，作物已经播种。在短期内，需求和供给常常是无弹性的。

但是在较长一段时间内，大部分商品的供给都会变得非常有弹性。也就是说，如果生产者做出调整，比如通过新建更多工厂、播种更多庄稼，他们就能够大大提高产出。因此，从长远来看，供给与需求是有弹性的，而收入增长带来的需求增加往往会导致供给量增加，价格并不会大幅度上涨。

最后，我们来思考一个问题：当一项新技术出现，它使得以更低价格生产某些药物成为可能。很多公司都可以使用这种技术。新技术能否影响需求或供给，它是否会导致价格上升或下降，这会如何改变市场的均衡数量？

如果你认为药品需求是无弹性的，那么这种变化会对价格或供给量产生更大影响吗？按照这个思路，你已经像一个经济侦探那样思考问题了。对于这个问题，我的答案是，降低生产成本的技术应该带来制药行业的供给变化。它使供给量增大，而供给增加会使药价降低。

当药价降低，看起来药品需求量将增大。但如果药品需求缺乏弹性，当价格下降，需求量不会大幅增加。这个例子告诉我们，对于买药的人来说，新技术主要的影响是药价，当药价降低，均衡数量的增加就相对较小。我希望这与你的想法一致。当然，现实世界是很复杂的，供需同时发生变化的情况也很常见。在下文中，我将带你探讨供需背后的力量以及这些力量是如何发挥作用的。

如何看见那只"看不见的手"？

本节开始前，先来讲一个小故事：100多年前，一位英国作家写了一本叫《隐形人》的小说。小说讲的是，一名科学家找到了一种可以使自己隐身的方法，把自己变成了隐形人，人们都无法看见他，但却能看见他的行为所产生的后果。当隐形人开门或关门时，即使人们看不到他，但也能够看见门开了、门关了；当隐形人捡起东西时，人们便能看见这个东西在空中升起。最后他不得不戴上手套，脸上缠满绷带，才能让别人知道这里有个人，而不是幽灵。

当然，我不是来赏析小说的，我想说的是，经济学上有一个专有名词，也是经济学中的一个基本概念，叫作"看不见的手"（Invisible hand）。它与隐形人一样：即使你看不见这只手，也可以看见通过它产生的影响。

"看不见得手"，这一说法出自亚当·斯密在1776年创作的《国富论》中。这本书被公认为是对经济学进行系统思考的开始。"看不见的手"这一说法出现在这本书的中间部分，但在这本很长很长的书中（中文版大概有58万字）"看不见的手"这5个字只出现了一次，所以当时并没有很多人留意到它。但在20世纪，"看不见的手"逐渐成为一个非常有影响力的概念，神奇的一点是，相信市场的人和不相信市场的人都在用它。

书中，亚当·斯密就"看不见的手"提了一个有趣的观点。他认为，当人们追求个人利益的同时会给社会带来好处。换句话说，自私行为可能带来积极的社会影响，即使人们的初衷并非如此。它如同一只"看不见的手"引导着整个过程。

我再引用亚当·斯密的几句话，你感受一下："确实，他通常既不打算促进公共的利益，也不知道他自己是在什么程度上促进那种利益。由于宁愿投资支持国内产业而不支持国外产业，他只是盘算他自己的安全；由于他管理产业的方式目的在于使其生产物的价值能达到最大程度，他所盘算的也只是他自己的利益。"[1]

说到这里，我们不妨来思考一个问题：如何才能更好地造福社会？亚当·斯密的答案是，较之那些声称自己正在努力造福社会的人，越自私的人最终可能越有益于社会。比如，当你为了赚钱而经营一家公司或者为了升职在自己的岗位上努力工作时，你都可能更有益于社会。

那么，经济学家是如何利用"看不见的手"的呢？经济学家认为：自利是一股强大的力量，当被适当引导的时候，就能为社会带来各种好处。举个例子，想要让人们节约能源，你会怎么做，举行动员大家的公关活动，还是苦口婆心地挨个宣传？经济学家的思维是"想要人们少用汽油吗？那就征税吧。这样人们会

---

[1] 《国富论》亚当·斯密著，郭大力、王亚南 译，商务印书馆，1974，下卷，P27。

自觉减少使用。想要厂商开发更省油的汽车吗？那就补贴吧。这样厂商就会研发相关技术，达成你所要的目的。总之，某个东西，你想要少一点，那就征税抑制它，想要多一点，就用补贴鼓励它。

那么，在供需两种力量中，"看不见的手"是如何发挥作用的？

从需求方的角度，也就是消费者的角度来看，当你在思考你需要什么的时候，你会考虑：什么是能买到的，什么是对你有价值的，商品中的哪些品质是你看重的，以及它的价格是多少？有时你会买一些你觉得值得或昂贵的物品；有时你也会买一些不太有用，但在你看来很值的廉价商品。重点是，当你做出这些购买行为时，你会在大脑中搜索你所看重的某些商品信息，并且不自觉地反馈给市场。换句话说，你其实是在一只无形大手的指引下不自觉地向市场提供着这些信息。在你提供这些信息时，企业会了解到消费者在买什么和喜欢什么，并相应地做出迎合消费者的动作，而其他消费者也会看到大家喜欢购买什么，并受到这些购买倾向的影响。

看不见的手在市场供应方面又是如何发挥作用的呢？

从公司的角度来看，任何公司都有一定的生产成本。他们以追逐私利为目标，努力创造一些收益，以确保自己的收益大于成本。但他们在逐利的同时，总是在尝试寻找降低生产成本的办法；他们不断努力赋予商品一些特殊品质或感觉，来吸引更多消费者，希望卖出更多商品。这样他们不必把价格降得很低也仍然能吸引消费者，比如苹果手机。因此，公司只是想赚取利润，但却在一只"看不见的手"的指引下发挥了其他作用。比如，为满足更低成本的生产方式，最终，促进了整个社会的技术进步，而消费者也随之更改自己的购买组合，享受更多物美价廉的商品。

现在，让我们将这些因素集合起来，看看它们之间是如何相互作用的。

消费者只是在追求自己的利益，公司也只是在追求自己的利益。但他们受一只"看不见的手"的指引，创造出更高的生产效率，降低了成本，做出创新并且制造出消费者需要的产品，总体而言是向着经济繁荣和增长的方向做出行动。

我们都希望这个过程发生。虽然我看似是在以一种十分乐观的态度描述这只"看不见的手"，但只关注它积极的一面是不理智的。有时候，我能够看见那只看不见的手在发挥积极的作用，但我也能想象这只看不见的手带来的消极作用。

这就引出了另一个问题："看不见的手"会产生不好的结果吗，什么时候会产生好的结果，什么时候又会产生不好的结果？

就市场需求方的消费者而言，一旦一些消费者过度追求个人利益最大化，就可能漠视法律、道德和良心，比如网上的一些刷好评行为和恶意差评行为。消费者会说一些负面的话，打消其他消费者原有的购买计划，破坏他人的生意。

就市场上的生产者、供给方而言，他们为了追求自己的利益又会怎么样呢？他们也许只是利用缺乏信息的消费者，而不是以合理的价格去提供产品和服务。一些生产者会漫天要价，试图从买主那里获得额外收益，千方百计地压低工人的工资，为了降低成本而省去空气污染或水污染处理设备等保证安全生产的设备，甚至会做一些有害消费者健康的事情。

如果消费者和生产者都能恪守诚信，结果就一定是好的吗？我可以告诉你，最后的结果也许并不是他们想要的。而且，看不见的手也有可能会导致一定程度的贫穷或不平等。

目前还不清楚"看不见的手"如何帮助所有的孩子，让即使是低收入家庭的孩子也能接受教育。我们也不知道看不见的手如何帮助每个人获得他们所需要的医疗服务。事实上，早在200多年以前，亚当·斯密就意识到了这些问题。1776年，亚当·斯密就已经在倡导政府为所有孩子的学校教育买单，后来这一理论演变为很多国家的义务教育制度。

我并不是想说"看不见的手"总是友好、令人喜欢或者高尚的，我只是在提出一个更简单、更基本的主张："看不见的手"的确十分强大。人们在追逐个人利益最大化的同时也会带来十分强大的力量。这些力量是积极的，也有消极作用。无论积极也好，消极也罢，这些力量都是十分强大的。

也许你要问，知道这些又有什么用呢？在市场供需中，了解"看不见的手"，是一种特别有用和特别适用的思考方式。它解释了为什么价格处于那样的水平以及为什么价格会上涨和下跌。这适用于全世界市场上的各种产品，包括海鲜市场、钢材市场、理发市场以及电脑市场。它也适用于各个不同的历史时期。对于中国的读者来说，全国各地的经济发生了翻天覆地的变化，各类公司不断涌现，高楼拔地而起，道路四通八达。在很多情况下，大家认为这一切都是因为得到了政府的支持。但总有一天，经济中的动力和创新将源于那些看到机会的人。这些人试图理智消费、努力工作、提升自己，并且尝试创业。置身于中国经济当中的你，会看见这种"看不见的手"在你的周围不断发挥作用。

总而言之，"看不见的手"是指你在追求自己利益的同时，也会给别人带来好处。

"看不见的手"并不是社会中所有困难的灵丹妙药，但经济学家认为自利是一种强大的力量，当它被适当引导时，就可以为社会带来各种好处。

02
基础市场

分工与《铅笔的自述》

本节将阐述微观经济学中的一个重要概念：分工。让我们先从经济学里的经典故事《铅笔的自述（I，Pencil）》开始讲起。故事的核心是一种非常普通的产品：铅笔。你一定见过铅笔，但我想告诉你的是，全世界没有一个人拥有生产一支铅笔所需要的全部知识。既然这样，为什么铅笔还是如此常见呢？

我们不妨来思考一下一支铅笔的制作过程。首先，铅笔是木头做的。你先要成为一个木材专家，去了解树木种植的方法、树木砍伐的方法、木材干燥的方法，以及如何将其加工成铅笔的形状。其次，你还需要生产铅芯，因此，你需要了解石墨与黏土的开采，以及如何把它们做成圆滚滚的铅笔芯。所以，你至少还需要有化工知识，但这依然远远不够。因为你需要把铅笔芯装入两片木头之间，并粘合。这时你就要成为粘合剂专家。

已经有这么多复杂的步骤了，但这只是刚刚开始。铅笔通常在外层还涂有油漆，这就涉及更多的化学工业知识。所以，你还要成为一个制漆专家，学习如何制漆，如何生产出不同颜色的漆。了解了以上所有的知识，你才有可能制造一支最基本的铅笔。

工厂通常还要生产更为复杂的铅笔，至少要在铅笔的顶部放一个橡皮擦吧。这时，你就需要了解如何制作橡皮擦。橡皮擦是橡胶做的，你就需要学习橡胶的种植、生产和加工。你还需要一个金属或塑料箍带将橡皮擦固定在铅笔上。如果使用金属，你就需要了解采矿以及金属的开采、冶炼和成型。如果使用塑料箍带，就需要了解塑料是如何制成的。我似乎已经说了很多，你可能都记不住了。

但这还仅仅是铅笔整个生产链的一小部分。我们还要把这些东西拼在一起，而设备和机械的运转需要电力，这就涉及运输和通信以及相关工具和机械的制造。我还可以继续展开下去，但我在这里就不赘述了。说了这么多，我只是想要告诉你一个重要的经济学知识点——即使是像铅笔这样简单的东西，也需要各种具备不同知识的人分工协作才能制作完成。经济体会对所有的任务进行分配，大到做航空母舰，小到生产一根铅笔。这种任务分配，经济学上有一个概念，就是我们所说的分工（division of labor）。

下面，我们来探讨关于分工的3个话题：第一，对于宏观经济来讲，分工决定了一个经济体生产方面的结构；第二，分工如何提高我们每个人以及整个国家的生产率；第三，分工是如何的无处不在，而我们要如何去思考自己在经济社会中的位置。

我们先来谈谈第一点：分工如何成为一个经济体在生产方面的组成部分。

如果没有分工，世界会是什么样子？想象一下，你一个人独自生活在无人岛上，你没有办法交易物品，你不得不自己制作所需要的一切。终于，有一些人来到岛上，在这些人中，有人擅长捕鱼，有人擅长耕种，有人擅长修建房屋，还有人擅长寻找水源。于是，这个小型的团体就开始出现了分工，产生了经济。

这就是我跟你说的第一点，在社会生活中，分工促使了经济体的出现，让我们看到了经济本身每天都在协调完成许多丰功伟绩。

我们需要清楚人们是如何工作和分工的。这就涉及到经济学最基本的问题，经济学其实就是研究生产什么、如何生产以及为谁生产的学科。当然，针对这些问题，现在已经有了很多回答。但是，一旦引入劳动分工的视角，对这个问题就会有全新的答案。

经济学大神亚当·斯密在200多年前出版的《国富论》的第一章就讲了分工，他详细讨论了他所处时代的一家工厂的分工问题，这是一家制造别针的工厂。

这也引出了第二点：分工如何提高我们每个人的生产效率？

在大约250年前，别针是重要的工具，通常是手工制作完成的。制作一枚别针，制作者需要完成捶打铁坯、抽丝、切截、削尖、弄平、折弯、装盒等步骤。斯密了解到别针的制作过程涉及18个独立步骤。他还观察到，如果整个过程由一个人完成，每人每天可制作大约20个别针，但如果由10个工人分工协作，每天可完成48000个别针，也就是每人每天平均生产4800个。同样是辛勤工作，从20上升到4800，这个过程将效率提升了240倍。这些工人的平均产量为何有如此大的提升？答案清晰明了：分工有利于效率的提升。对别针工厂来说，由最适合的工人来完成18个步骤中的一个，这就是劳动专业化。

分工使得人们得以做他们愿意做，并且适合他们的事情。在现代经济中，可以有极其详细的专业划分，人们还可通过教育或实践来提高自身的技能。除专业化以外，反复做一件事情的人能够更快、更优质地完成任务。也就是俗话所说的熟能生巧，而这条铁律几乎可以适用于所有的事情。

比如，日本的工厂奉行一种被称为"持续改进"的理念（日语罗马音读作Kaizen）。你不仅要完成自己的工作，还要找到能更好完成工作的方法。如果你去过日本工厂，你就会发现每个工人身后的墙上都有一张图表，显示工人过去的表现。管理人员会以此了解持续改进的过程。

借助分工提高生产率的另一种方式是规模经济。规模经济是指当生产规模扩大，工人的产量提高时，单个产品的生产成本就会下降。比如，生产1辆自行车的时间和成本会相当高，但生产1000甚至10000辆自行车的平均成本就会低得多。

亚当·斯密说的别针厂就是一个规模经济的例子，10名工人比1名工人的平均效率要高得多。但我们需要弄明白，这种规模经济不会无限制地持续下去，否则就会使一个工厂规模过于庞大，反而会变得效率低下。当然，如果工厂规模太大，无法平稳运转、顺利经营，那么，规模较小的工厂就会取而代之，并且以更低的成本从事生产活动。

这里有一个有趣的弦外之音，如果分工使工人的生产率更高，使社会发展得更好，那么随着社会变得越来越富裕，你的收入也会越来越多。也就是说，高收入社会通常比低收入社会的分工规模大。就比如，富裕国家的老百姓不需要知道如何发电、如何耕种、如何织布，但可以买到多种多样的商品，只需要通过自己专业化的工作来获得高收入，以此实现这些消费。

让我们来谈谈最后一点。放眼望去，分工无处不在，处于其中的你，要如何面对它？

不只是铅笔，分工还存在于你购买的很多产品中，包括食物、衣服、房屋和娱乐。你自己的工作中也存在分工。无论你多么优秀，你通常也只负责整个公司事务的很小一部分。当然，现代工厂早已不像亚当·斯密描述的别针厂那样，但它仍然在不同工人以及不同设备之间分配工作。

事实上，当你思考如何升职加薪的时候，你应当考虑的是，如何适应另一种方式的分工，如何在分工范围内完成更重要的任务，以及如何在全球经济竞争中变得更专业、更多产。不只是人和人之间，国家之间也存在分工。一些国家可能专注于生产自然资源，而另一些国家可能专注于某些行业或者比较廉价的产品，还有一些国家可能专注于科学和技术。因此，当今社会，所有专业化的活动都是上升到国际层面的分工。

最后，我们以亚当·斯密的一个小故事作为彩蛋。他花了很多时间写作，一辈子也没结婚。他常常会因为陷入思考而显得心不在焉。他思考经济问题时会出去走走，有时他会穿着睡衣走上好几公里，甚至会莫名其妙地穿越到另一个城镇。但是他是最早开始思考和发现分工秘密的那些人之一，也是最早发现通过分工可以提升制作别针效率的人。我敢肯定，他也喜欢有关铅笔的故事。当大家像斯密一样边走边思考经济学的时候，知道怎样做到边走路边思考却不会迷路，这或许是我们追忆先贤的另一种收获。

你的薪水由谁决定？

我们每天都要起床去上班。在中国，大约有8亿人要早起工作，这样经济才能持续稳定地发展与增长。下面，我们就将以劳动分工和循环流向图的相关知识为基础，讨论如何使用供求理论来分析劳动力的问题。我们将从三个方面来做探讨。

首先我要告诉你的是，劳动力市场中的供给方和需求方，与我们的直观认知其实是相反的。

大多数人听到供给与需求这两个词时，首先想到的都是商品和服务市场。也就是说由公司或厂商提供商品或服务，消费者有需求。但是在劳动力市场，情况恰恰相反。在劳动力市场中，个人或家庭变成了供给者，而企业变成了对劳动力有需求的需求者，薪金或工资就可以看作是企业为购买你的劳动力所支付的价格。

在商品市场中，商品种类繁多，特点也不尽相同，同样劳动力也有很多种各具特色的市场。比如医生的市场就不同于工人的市场或者警务人员的市场。但只要弄清楚供求概念，就可以和分析商品市场一样，使用供求理论工具分析劳动力市场。

那供求理论又是如何在劳动力市场中发挥作用的？

我们先来讨论一下劳动力的需求问题。想象一下，市场上已经有了特定的工资标准，雇主打算按照这个工资标准雇佣一定数量的工人。那么，如果工资上涨，雇主就会开始考虑怎样才能相应地缩减工人的数量。或许可以用机器替代工人。反之，如果工资下降，雇主就会更愿意再多雇佣一些工人。但最终，公司是否愿意雇佣工人取决于劳动力的产出情况。

我们现在假设你正在经营一家公司，雇佣了一些工人，但是这些工人的产出价值不足以证明他们所得的工资是合理的。这样，你就不会再雇佣这些工人。但另一种情况是这些工人产出的价值高于他们的工资，你可能会想这样很棒，因为他们产出的价值比我支付的工资要高很多。但是如果这样的话，又会有一些公司来挖墙脚，给他们更高的工资。总之，用长远的眼光来看，工人收到的工资将由他自己劳动所产出的价值来决定。

那么，劳动力的供给问题呢？我要强调一下，劳动力供给是一种关系，是工资和劳动力提供的工作量之间的关系。较高的工资有助于激励工人，提高其劳动产出量；而较低的工资会产生反效果。可能很多进行全职工作的人不太理解这个逻辑。

如果你是一个全职员工，那么在工作时长方面，往往没有很多选择，只是根据工作要求而做。但是也有很多人是兼职打工，或者在工作量上有一定的灵活性。这样你就可以想象，他们会因为这些因素而受到激励或者变得懒怠，这些因素也会激励或者阻碍他们到其他公司或者其他城市去工作。

那么，影响劳动力供给的因素有哪些呢？

有些与人口的变化有关。如果工人越来越少，或者有越来越多的人随着年龄的增长而退休，那么一个经济体中工人的供给量就可能会发生变化。对于谁会来工作的社会期望也会有所转变。比如曾经有一段时间，在很多国家，大多数女性都是不工作的，但后来，情况发生了改变，女性们选择走出家门开始工作，也成为劳动力市场的主力军。这种观念上的变化也会影响劳动力供给。

现在让我们把这些供求特点综合起来看，想象一个特定的劳动力市场，比如某大城市的护士市场。如果这一地区的护士工资非常低，那么就会有很多人愿意雇佣护士。也就是说，因为工资很低，需求量会变大。但是对于护士来说，他们并不愿意为这么低的工资而工作。于是护士就可能会选择其他的工作，或者去其他地区工作。护士的需求量很大，但是愿意工作的护士却不多，这样一来，过低的工资起点就会有被抬高的趋势。

如果工资起点很高，又会怎样呢？那么就会有很多人想成为护士。其他城市的人也会过来做护士的工作。但由于需要支付高工资，护士的雇主们就会尽量不去雇佣那么多护士。情况就变成了很多人想做护士，但是没有那么多的岗位，这样一来，虽然工资起点很高，但是随后就可能会下降，或者至少一段时间内不会上升。经过一段时间，这些供求会趋于平衡，工资水平也就趋于均衡，供给量和需求量大致相等。

当然事情也并非如此简单，毕竟人与其他大多数可以买卖的物品不同。如果工资下降，人们会感到不安，工作也可能会懈怠。如果工资上涨，人们就会更加高兴，也会更加努力地工作。当然，人们也会担心失业问题，担心自己的技术，也会考虑是否喜欢自己的公司或雇主。人是有感情的，这一点也要考虑在内。

现在，让我们利用这些劳动力相关的供求理论先来讨论一下中国长期以来的工资模式。

让我们穿越回20世纪70年代，也就是50年前。那时的中国刚开始实行经济体制改革。当时，中国的平均工资非常低，大约是美国平均工资的3%，甚至比相邻的其他亚洲国家——比如菲律宾或者泰国——都要低很多。到了20世纪80年代和90年代，也就是30多年前，中国的平均工资略有上涨，但涨幅不大，随后大约在2000年到2010年间，工资开始以更快的速度增长。在这一时期，中国的工资实际上已经与菲律宾、泰国等国的工资相当，甚至比它们的工资都要高很多。

中国再也不是低工资国家了。那么是什么导致了这一结果呢？让我们再次回到50年前，那个时候刚好是经济体制改革初期，中国还是计划经济。当时，所有企业都是国有的，工人都是派遣或者分配到国有企业。这些岗位往往都是永久性的，几乎没有岗位流动。国家规定好了工人们的工资，那个时候通常都有一个小小的工资表。从工资表上可以看出，工资更多由工龄来决定。如果你在某一岗位的工作时间很短，那么也不会因为接受过更多的教育，或是有什么专长而得到更高的工资。但是如果一个工人在某一岗位的工作年限很长，就会得到更高的工资。那个年代既没有教育激励，也没有生产率激励，产量也不是很高，所以每个人的工资都很低。

到了20世纪90年代，这一切都改变了。首先，在20世纪80年代，政府开始允许一些国有企业发放奖金。但是真正的大改变来自90年代崛起的民营企业，民营企业的工资体制完全不同。90年代初期，民营企业占城镇总就业量的20%；在不到10年的时间，也就是2000年，这一数据大约上升至60%；2010年为80%。这些民营企业向那些受过更多教育、有更高技能或是有更多产出的工人支付更高的工资。基于这些原因，工资开始大幅上涨。

那供给方面的问题是什么呢？让我们从出生率说起。50年前，中国开始推行计划生育政策，这确实减缓了人口的增长速度，但同时也减缓了劳动力数量的增长速度。实际上，现阶段中国劳动力的数量已达到最高点。如果劳动力的数量不再增长，那么供给量也就不会再上涨。由此，工资标准就会持续上升。

另外一个影响供给的因素是中国经历了国内人口迁移，人们为了寻求更高的工资和更好的工作机会，从农村迁移到城市。1985年，仅有约2500万人口从农村迁移到城市。但是统计数据显示，到2016年迁移人数已经达到1.6亿。也就意味着，由于农村人口迁移到城市，在很长一段时间内，城市地区都会有较高的劳动力供给量。人口迁移抑制了20世纪80年代和90年代的工资增长。但是最近几年里，人口大迁移的速度已经减慢，这样又促使工资增长速度加快。

最后一个，也是最重要的原因，就是中国工人的技术含量更高了，中国的工厂和雇主雇佣了更多的工人，引进了更多的仪器，也加大了投资。

1982年中国人口识字率，即15岁以上的劳动人口中，有读写文字能力的人口占比只有65%。但是到了2019年，识字率已经达到96%。从受过中等教育的人口数量来看，1980年，25岁及以上的人口中只有6%完成了中等教育，但是现在这一数字达到了22%，且还在迅速增长。[2]中国很多公司都投资了高技术生产线，采购了各种机械设备和电脑。普通工人受教育程度变高了，工作的机械化程度也更高了。

技术和研发方面也有显著的提升。在一段时间之内，劳动力的工资会体现出工人的产出量，中国劳动力的生产率已经大幅提升。实际上，也可以根据前文所讲的劳动力分工来考虑——分工更明确，你有更多的实践机会，做事情也会更快，质量更高。从规模经济的角度来看，中国经济面临的巨大挑战之一就是如何实现工资持续增长。

货币的时间价值

弄清了市场的供求关系，接下来，我会带你思考一些不一样的市场。这些市场并不涉及买卖任何具体的商品，而是要跨越时间，达成协议。在这些接下来要讲的市场中，愿意耐心等待的人获取的资金，将会由不愿意耐心等待的人来支付，急需资金进行采购的人，可以从愿意等待的人那里得到资金。

经济学中有一个名词叫边际效应（Marginal Utility）。边际效应是指消费者对某种物品的消费量每增加一单位所增加的额外满足感。边际效应可以用来计算如何用一定的成本实现最大的利

---

[2]　数据来源于国家统计局。

益。以吃包子为例，你吃9个包子才能吃饱，多1个吃不下，少一个吃不饱，那么9就是最佳选择。但是你不能跳过前面的8个，直接吃第9个包子。所以为了搞懂钱如何才能生钱，你必须学好这一课。

我将这一节的内容分为四个部分。

第一，什么是金融中介？它代表了什么？

第二，银行是如何运作的？

第三，债券是如何运作的？

第四，股票是如何运作的？

首先看第一点。为什么金融市场要有中介，中介到底是什么概念？我们都知道，中介就是介于买卖双方中间的一方。举个常见的例子，一家购物网站会把很多不同公司的货品销售给很多不同的消费者，这里网站就扮演着消费者和卖家之间的中介角色。简单来说，中介的工作职责就是安排交易的内容、款项的支付、提升买卖双方进行交易的信心。银行、债券、股票就是三个典型的例子。你可能会问，金融市场为什么会有这么多的中介？一个很大的原因就是，资金是流动的，像水一样，而中介可以把所有这些一点一滴像水一样的资金，收集起来放进更大的资金池里。

举例来说，假如有20个人都想存钱，只有1个人想贷款买个很贵的房子，要让这20个人中的每个人都找到其他人，然后找到想借钱买房的人，再评估想买房的人偿还贷款的风险大小，约定贷款的条件、利率、还款期限并达成协议，一套流程十分棘手。

如果不是一个人想贷款买房子，而是一家规模很大的公司要贷款呢？它贷款的金额可能会涉及1000人、5000人甚至是1万人的存款总和，那么事情就变得更加复杂了。这时，就需要金融中介。金融中介所做的工作就是把上述的所有相关方聚集到一起，帮助他们确认需要作出什么样的约定，规定将来会有什么样的回报。

明白了金融中介的涵义，接下来，让我们再加入一些机构的概念。我会以不同的方式来介绍金融中介，和你之前熟知的有所不同，也就是第二点——银行作为金融中介是如何运作的呢？

对于银行来说，资金的供应方就是银行的储户，它可能是个人，可能是家公司，还可能是政府分支机构。你把钱存进银行账户的时候就知道，银行的利率不会很高。中国最近几年的利率大概是2%或3%，或者更少一些。那么，银行支付利息的钱是从哪里来的呢？银行作为中介有个优势，就是它可以把所有存款汇总到一起，放贷给有资金需求，以及有偿还能力的借方。这个借方可以是个人，也可以是公司，还可以是政府分支机构。银行就是中介，影响着金融市场的资金流动。当然，银行现在可以这样赚钱。举例来说，银行向借款人收取5%的利息，但只向储户支付2%的利息。这5%到2%之间的利息差额，银行可以用来支付日常开支、策划如何经营业务，也可能其中的一部分会成为银行的利润。此外，银行还有另外一个收入来源，就是在操作更加复杂的金融产品时收取费用。这样一来，银行贷款的利差收入就会下降，银行不得不转向高附加值的中间业务收入。不知你有没有发现，银行现在越来越倾向后者了呢？

银行可能会试图向借款人收取非常高的利息，或者向储户支付非常低的利息。但是，当有许多不同的银行存在时，这样做就会比较难。毕竟，借款人也会货比三家。如果某个银行收费太高，那么就不会有太多人想在这家银行贷款了，另一方面，储户也会进行对比，在利率更高的银行存钱。

一个理性的人会去选择最佳的方案。你买理财产品的时候有没有货比三家呢？银行这些业务很复杂。之后我会在资本市场的部分详细介绍一下政府监管银行的方式及原因，这里先让大家有一个基本的概念——银行是储户和借款方的金融中介。

现在，让我们来思考下第三个问题，什么是债券市场？从理论上讲，公司、政府分支机构可以去找银行贷款。但是，这里说的举债借款，可能是特别大的款项，这些机构没有选择从银行借款，而是决定以销售债券的形式获得资金。

我来举个例子说明一下基本的债券是如何操作的。现在，有一家公司想借款100万元建造新工厂，这家公司计划工厂建成后，用工厂赚的钱来偿还债务本金，其间慢慢偿还利息。这家公司就可以向投资者销售债券，一次性获得建造新工厂所需要的100万资金。债券可以看作是一份借款合同，规定一定的期限，我们暂且假定这个期限是5年，也就是说，5年之后公司向购买债券的投资者们偿还这100万。同时，在到期之前每年还会向投资者支付6%的利息，也就是6万元。这就是债券的发行原理，期限是5年，也可以设为更长的时间。这家公司怎么向众多投资者卖出自己的债券呢？这个过程需要金融中介的介入，就比如银行同意帮忙把债券销售给投资者，同时银行也会收取一定的佣金。这就是通常所说的债券承销业务。债券发行之后，在存续期都可以交易。

我们再看看债券的交易过程。持有债券的投资者每次交易的时候可以选择卖一部分债券，也可以一次性全部卖出。个人投资者可能只会购买1万元的债券。大的养老基金或货币市场基金，一些机构投资者则可能会购买更大额的债券。银行也可以购买债券，有时银行会用购买债券建立货币市场基金，也就是大家都熟悉的宝宝类产品[3]。银行为什么要主动做这件事呢？因为这样，你就会将钱交给银行，银行能吸收到更多资金，再去购买债券，利用债券利息，这样一来银行就可以支付你更高的利息。

当然，债券的利率是根据借款人还款风险的高低决定的。信用度高的借款人可以支付较低的利率，还款风险很高的借款人则必须支付较高的利率，以此补偿他可能无法偿还债务时所带来的风险。

[3]　宝宝类理财指的是支付宝的余额宝、腾讯的理财宝，或者是现金宝、收益宝之类，以淘宝发端的、以宝类冠尾的货币基金等现金管理类理财产品。它们的好处是把我们放进去的钱用来购买货币基金，稳定收益高于银行活期存款而且取现方便。

最后，我们再来谈谈什么是股票市场。通俗来讲，股票就是对公司的所有权。那么，如果你是股民，你是如何从股票所有权中赚钱的呢？

其中一种方法是通过股息。股息就是公司根据持股人的持股数量，按照股息率派发给股东的收益。当然，前提是公司要有盈利。有些公司确实有定期派发股息的机制，听起来不错，但我必须提醒你，股息是没有保证的。

另一种方法是所谓的资本收益。听起来拗口，实际上非常简单。举个例子，你按照每股100元的价格买进股票，然后打算以每股120元的价格卖出，这样就可以获得资本收益。当然，也有可能你按照每股100元的价格购买，而股票的价格跌到了每股80元，这样卖出不仅没有收益，还会有损失。如2015年，中国的股票走势和过山车一样，有许多投资者在股票市场上蒙受了亏损。

这里我想说的是：股票市场也是中介。它把那些想购买股票的人和那些想出售股票的人聚集到了一起。现在，中国股票市场的投资人买卖股票有两个选择。一个是上海证券交易所，上市公司一般是大公司，另一个是深圳证券交易所，上市公司一般是中小型企业，以及科技、媒体、消费品行业的公司。

近几年，从这些市场，到香港证券交易所，也出现了一些所谓的连接机制，比如上海证券交易所和香港联合交易所允许两地投资者通过当地证券公司（或经纪商）买卖规定范围内在对方交易所上市的股票，即沪港股票市场交易互联互通机制，简称沪港通。与此类似的还有深港通。所以，中国内地的投资者可以投资一些在香港证券交易所上市的公司。听起来也许有点奇怪，一些著名的中国公司并不在中国内地的股票交易所上市交易，像阿里巴巴、百度等公司的股票就在美国的一些交易所进行交易。中国金融监管部门一直在设法建立某种通道，让中国的投资者可以对在美国上市的中国公司进行投资。但是，至少到2021年，实现起来依然比较困难。

很多人对股票有这样的误解：买股票的时候，公司会得到购股资金。其实，如果你是从持有股票的人那里买股票，公司什么也得不到。就像如果你从别人那里买房子，房子的所有权就会发生变化，但是并没有建造任何新房子，这所房子原来的建造者也不会获得任何额外的收益。

这里有个例外，就是在公司规模较小，还处于初创阶段时，公司通常会直接销售其股份，以此获取大笔投资和大量资金。这也叫公开发行证券或者首次公开发行证券，即大家常听到的IPO。公司通过IPO会直接获取销售股票的资金。当然，进行IPO的时候，公司的所有者其实就是在放弃公司的所有权。在IPO之前，公司的所有者拥有公司的多数或全部股份，当出售股份时，拥有公司股份的投资者们都将拥有公司的部分所有权。知名公司进行融资的时候，通常很少发行新增股份，因为那样会引发公司持股人的不满。销售额外股份，意味着持股人的股份价值会被降低或稀释。

与此相反的是，知名公司为了投资需要进行融资的时候，他们可以用公司已经赚取的利润作为投资资金的一种来源。若是在已经赚取的利润不能充分满足融资需求时，他们还可以用从银行贷款或者发行债券等方式进行融资。要特别注意的是，所有的金融投资都要考虑到时间因素，无论是存银行、买债券还是买股票。它们之间的回报和风险会有很大不同。银行账户的风险和回报不同于购买债券，而且与投资股票、房地产或黄金的风险和回报也是有所区别的。所以，把钱存入银行、购买债券、从银行购买理财产品、购买股票、投资黄金或者房地产，让钱生钱的选项众多。我们该如何做出选择？在下文中，我们会具体讨论。

别只盯着回报率

作为一名合格的金融投资者，应当如何调节你所面临的各种投资选择？这涉及投资的4大核心要素：风险、预期收益、流动性和税收。其实，每一种投资都可以以这4个要素来衡量。

我们先来谈谈风险。当你思考风险时，一种常见思维方式是参考概率或者某件事情发生的可能性。美国有一个经济学家，用睡眠安稳度来反映风险程度，也就是测试如果把钱投入某个投资产品中，你晚上是否能睡得安稳。

现在让我们来比较两种不同的投资。第一种投资能够保证你在年底得到5%的收益，而在第二种投资中，只有一半的概率可以实现5%的收益。如果行情不好，你有1/4的概率要亏损5%；如果行情发展不错，你就有1/4的概率获得15%的收益。也就是说，在第二种投资中，平均起来，5%的收益，下跌风险为5%，上行收益为15%，但这些与5%的中间回报相等，并且发生的概率也相同。

因此，平均而言，第二种投资选择的回报率仍然是5%。而事实上，投资方式有太多种，这些投资的收益率有时很高，有时又会很低，有时处于中间水平，但平均下来能够达到5%的收益率。

这就有个非常现实的问题需要你考虑，在这两种投资中，一种投资可以绝对保证5%的收益率，你的钱是稳赚不赔的。而另一种投资可保证5%的平均收益率，但存在风险，最终你的钱可能会赚很多也可能会亏很多，你更喜欢哪一种投资？

事实上，这个问题的答案取决于你对风险的看法。如果你是风险厌恶者，意味着你希望尽可能地规避风险，那么你应该会选择能保证5%收益率的第一种选择，从而规避第二种选择的风险。风险厌恶者会说，我不做没把握的事。如果一项投资既有风险，又不能带来预期回报，我没有理由不抛弃它。

但是，不是所有人都厌恶风险。风险厌恶者的反面是什么呢？是风险偏好者。如果你喜欢冒险，那你会尽可能寻找冒险机会。因此，你会喜欢第二种选择，即平均收益为5%，但最终结果是赚钱还是赔钱并不确定的投资。

介于风险厌恶和风险偏好之间的人是风险中性者。风险中性者根本不关心风险。他们不刻意规避风险，但也不喜欢冒险。因此，5%的确定收益率和5%的平均收益率，对风险中性者而言没什么区别。

风险是指各种可能出现的后果。如果我有一份确定的收益，那就没有任何风险，因为可能的结果只有一个。如果这个收益可能高，也可能低，那么风险就出现了。最高可能收益与最低可能收益之间的差距越大，这些可能的高收益或者低收益的概率就越大，风险也就越大。真实世界的金融选择当然会更复杂，但这些基本的理论同样也是适用的。

你可以认为投资有可能产生不同结果，并赋予这些不同结果一定的概率。你会考虑上涨多少、下跌多少，以及在正常情况下可能会发生什么状况。风险本身并不是什么好事，大多数人都会避免冒险，除非你真的是一个爱冒险的人。通常，如果你承担更多风险，你会希望获得一些额外回报。比如，如果你自己创办公司，你这样做并不是因为你喜欢冒险，而是希望获得丰厚的回报。

降低风险的常见方法是多样化你的投资。有一句投资领域的金科玉律：不要把所有的鸡蛋放在同一个篮子里。如果你把所有的鸡蛋放在一个篮子里，当那个篮子被打翻，所有的鸡蛋都会被打破。就个人投资者而言，它告诉我们不要把所有钱都花在风险投资上。因为如果发生意外，你的投资可能血本无归。

如果你购买了大量不同类型的投资、不同公司的股票、不同公司的债券，有些公司经营良好，有些公司经营不善，但这些公司同时经营良好或者经营不善的可能性不大。所以这些好的或坏的结果都会趋于平衡。在这个意义上，你可以避免一些可能发生的极端风险。降低风险的另一种方法是，考虑持有一项投资的时间尽可能长，因为股价可能会上涨或下跌，但在较长时间内，这些短期波动会趋于平衡。相反，你得到的是长期平均收益。

再来看预期回报。现在，你一年内的收益已经翻了几番，预期回报，也就是你希望得到的平均收益，要考虑高收益和低收益的概率。需要实现的重点是风险与回报之间的平衡。

有一个事实不容忽视，那就是如果一项投资非常安全且风险极低，通常情况下回报也较低；风险越大或者发生风险的概率越高，平均回报率越高，但现实中也可能会低得多。举例来说，银行账户是非常安全和低风险的。就像世界上大多数国家一样，中国政府也有银行存款保险制度。所以即使银行破产，存款人也不会失去他们的钱。

由此可见，银行存款非常安全，但回报很低。如果你直接或通过银行经营的财富管理账户投资债券，回报率会有所提高，但不能保证有那么高的回报率。如果公司发行债券，在公司破产以后，你甚至可能会损失一部分资金。因此，收益越高，风险也越大。如果直接投资股票或者某一种基金呢？同样的，如果公司经营良好，你可以得到非常高的回报。但如果公司经营不善，回报率可能极低。平均预期回报率高于银行存款或债券，可以弥补额外风险，但没有保障。同样，也存在风险与收益之间的权衡取舍。

第三类投资要素称为流动性。这是经济学家和专业投资者常用的一个词。如果说投资是有流动性的，则意味着很容易将投资转化为可以花费的资金。

例如，银行账户有很高的流动性，因为你可以立即把钱花掉。另一方面，拥有一座房子不具有很高的流动性，虽然你最终可以把它变成现金，但是你必须先把它卖掉。这不是一件能够快速或轻易达成的事情。持有股票的流动性不如银行账户那样高，但卖股票比卖房子容易，因此炒股的流动性介于两者之间。

流动性对投资者来说十分重要，因为大多数人都希望保有一定的流动性。有时你会生病，有时你的家人需要帮助，有时你需要搬家或换工作，你需要一笔钱当作应急的流动资金。流动性和回报率之间通常也存在一定的平衡关系。流动性很高的投资回报率往往较低。事实上，现金是最具流动性的事物，并不是所有投资都能获得回报，你必须等待一段时间。投出去的钱很难收回来，你可能面临风险，你的投资对象可能经营良好或经营不善，但平均而言，他们往往愿意支付更高的回报来补偿你。

第四点是税收。当你进行投资并赚取收入时，你必须纳税。每个国家的税法都不一样，我也不是中国税法方面的专家，但我要说的是，很多国家的税法只给那些长期拥有资产的金融投资者一点点鼓励，而那些在短期内买入和卖出的人得到的待遇则相反。中国就有很多这样的例子。在中国，如果你只是在短期内持有一家公司的股票，并且公司向你支付股息，那么你支付的税款将会高于这些股息。或者，你将自己住了5年以上的房子卖掉，就不会被征营业税。所以，应该吸取的教训就是，要注意税收规则——它会使情况变得完全不同。

我没有什么致富秘诀，但我有一点经验教训供你参考。对于大多数人来说，如果没有中彩票，或者没有创办一家公司来致富，就需要通过存钱来致富。如果这行得通，那么你在很年轻时就要开始存钱，并且在一生中都要不断存钱。随着时间推移，利息收入会越来越多。另一个教训是，你需要为你的存款冒一点风险。假设你25岁时手上有1000元，你希望这笔钱真正安全，所以你把这笔钱存入银行账户里，可以得到1%的年收益率。这样做风险很低，很安全。30年以后，1000元将增加到1348元。

但如果你在25岁时用这1000元做了一件风险更大的事情，比如买入多样化的股票投资组合，它会逐年上涨或下降。随着时间的推移，假设30年后平均回报率为5%，那么你这1000元人民币就会增加到4321元。如果你想要风险看起来小一些的回报差异，比如说1%的年收益率，从上面的例子可以看出，经年累月，回报会与5%的年收益率产生极大的差距。

问问自己，如果我还比较年轻，我也可以从现在开始存钱，让手上资产随着时间的推移逐渐积累起来，我需要什么样的流动性，在长远规划时我愿意承担什么样的风险？因为过于安全可能与过于冒险一样糟糕。

买彩票还是买理财产品？

在本节开始前，请你思考一个问题：买彩票是投资行为吗？

当我还在读大学的时候，我的同学曾经就这个问题给出了这样的答案：如果你购买了1张彩票，那只是一个游戏，但如果你购买了100张彩票，那就是一项投资。你认为，他的观点对吗？

你可能会想，在对股票和债券进行投资时，会承担一定的风险，同时有希望获得一定的回报。而买彩票也是有风险的，购买者也希望获得回报。所以说购买100张彩票就是投资行为的说法是正确的。其实不然。

我们先来了解一下彩票是如何运作的。

世界各国都有彩票，中国也不例外。在中国，主要有两种形式的彩票：中国体育彩票和中国福利彩票。在中国体育彩票中，有一些彩票允许你随机选一组或几组数字进行投注，还有一些是对体育赛事的结果进行押注。中国福利彩票也有各种不同的玩法，比如3D彩票或双色球。

那么彩民在彩票上投注的钱最终会走向何处？其中一部分钱用于发奖，还有一部分用于其他开销。例如，中国体育彩票鼓励全民健身，因此会为公众购买一些运动器材。它还为教育、医疗保健和其他社会事业提供资金支持，用以帮助老年人、残疾人和弱势群体。

美国没有国家彩票，但大多数州都会自行设立彩票。有时候，规模较小的州会联合起来经营大规模的彩票，中奖者可以获得更高额的奖金。各州再从中拿走一部分收入，用于各种目的。在18世纪中期，也就是在美国成为一个独立的国家之前，就有很多"地方彩票"（local lottery）。这些彩票通常是为某个特殊目的筹集资金，比如修建一座大楼。哈佛大学、耶鲁大学和普林斯顿大学等高等学府就曾利用彩票为自己筹得建设资金。到了19世纪，反对的声音逐渐出现：有人担心彩票会暗箱操作，有人担心某些地方政府可能不愿意支付他们承诺的奖金，还有人认为政府不应该支持赌博行为。

因此，在19世纪中叶的美国，彩票几乎消失了，直到大约100年后的20世纪60年代才重新出现。自那时起，这些彩票的知名度越来越高，美国也出现了其他形式的体育博彩，比如体育竞技中的押注。

如今，出售彩票获得的资金被用于公益事业已经不是什么秘密，彩票的奖金总额总是小于彩民买彩票下注的总金额的。这其实也不难理解，因为一部分资金被用于其他事情，毕竟彩票的部分目的是为其他公共事务筹集资金。因此，平均而言，彩票玩家会赔钱。这就是彩票的运作方式。

为什么彩票与金融投资有着根本不同？

在回答这个问题之前，你不妨想想自己是如何看待投资、回报以及风险的。

　　从收益的角度分析，彩票的平均收益是负的，但投资回报却不一定是负的。这要怎么理解？如果股市不断上涨，股民就可以在很长一段时间内获利。如果房价上涨，有房子的人就可以获利。金融投资可以是双赢的，但彩票的目的之一是筹集资金以作他用。平均而言，彩票玩家是一定会亏损的。

　　接下来我们从风险的角度来分析。之前我们谈到过风险厌恶与风险中性之间的差异。对风险厌恶者来说，需要较高的预期回报率才会冒险；风险中性者只关心平均回报而不关心风险大小。彩票和赌博是一项风险偏好者的游戏，参与者自愿承担额外的风险。很多人认为在平淡的生活中冒一点风险会带来很大的乐趣。毕竟，很多彩票游戏可能会在极短时间内带来超高收益，做着中奖的美梦是一件很美好的事情。

　　从投资期限的角度分析，从买彩票到公布结果的时间非常短。买了彩票以后，你几乎可以马上知道自己是赢是输，最长的等待时间也不过几天或几周。但如果你购买退休基金或者房产，你就可能需要等待几年甚至几十年才能获得收益。

　　因此，博彩与金融投资有三大差异：一、平均来看，博彩是输钱的，而投资很可能是赚钱的。二、博彩是追求风险的，而投资通常是为了规避风险。三、博彩产生结果的期限很短，而金融投资通常是长期的。

　　那么，在什么情况下，金融投资开始看起来像玩彩票？

试想一下，如果你在2017年秋季投资了加密货币，如比特币，那么在短短几个月内，你就目睹了一枚比特币的价格从大约2万元上涨到10万元的过程。但到了2018年初，也是仅仅两个月的时间，比特币的价格就从10万元跌落到5万元左右。投资者的体验就像坐过山车一样。

再来看看黄金投资，2008年到2017年，全球市场上的黄金价格翻了一番。但在2012年到2015年，金价下跌了1/3左右。这种模式看起来很像赌博。无论是盈利还是亏损都取决于何时进入和退出市场。长远来看，每个人都有可能亏损。

投资比特币和黄金都是风险偏好者的游戏，它们可能带来巨大收益，令人兴奋，就像玩彩票一样，而不是明智的金融投资。那么，什么样的金融投资是明智的？而什么样的金融投资与玩彩票无异？你可以通过前文讲过的风险、预期收益、流动性和税收来区分。

这里，有必要向大家介绍两个经济学名词：价值投资者（value trader）和趋势投资者（momentum trader）。二者间有何区别？

你认为某只股票值得购买，因为你考察过该股票的公司，认为它将来极有可能盈利，也思考过这只股票的潜在价值。如果能以低于该价值的价格买到它，显然是一桩不错的交易。但如果价格越来越高，你就会判断，价格似乎超过了实际价值，所以它不再值得你买入。那么，你就是一名价值投资者。

价值投资者们更看重投资目标的潜在价值，而趋势投资者只看资产价格的变动并观察价格的上涨或下跌，也就是说，趋势投资者试图通过观察价格本身的变动趋势来赚钱。比如，当某只股票价格开始上涨时，趋势投资者认为这是买入的好时机，而且随着价格的不断上涨，他可能会继续买入，因为他认为完全可能以更高的价格卖出。或者如果看到价格开始下跌，趋势投资者会认为，这是一个卖出的好时机，而且随着价格的不断下跌，完全可以以较低的价格再次购回。有时候，趋势投资者也被称为噪声交易者（noise trader），因为他们是在追踪资产价格上涨或下跌的噪声[4]。噪声交易者是指那些无法获得正确、内部的信息，非理性地把噪声当作信息进行交易的投资者。

所有市场都存在价值投资者和趋势投资者。如果你是一个财务投资者（区别于战略投资者）[5]，你需要警惕趋势投资者们普遍存在的不理性投资行为，因为这可能会为你带来损失。更高的价格意味着更多的人想要购买，而更多的购买又会导致更高的价格。这就是比特币或黄金价格上涨如此迅速的原因。

趋势投资理论有时也被称为"更大的傻瓜"理论（Greater Fool Theory，即"博傻理论"）：如果我花大量的钱购买比特币、黄金或股票，我就是一个"傻瓜"。但我不介意做一个"傻瓜"，因为还会有更大的"傻瓜"接盘。

---

[4] 注：价格与价值之间存在着一个偏差，这个偏差就是噪声。
[5] 注：财务投资者更注重短期的获利，对企业的长期发展则不怎么关心。而战略投资者试图从企业的长远发展中获利，投资期限相对较长。

问题在于，在某个时间节点，市场上的"傻瓜"总会用完。突然之间，也许再也没有人愿意接盘了，然后这个循环就可能逆转。资产价格下跌，一段时间以后，手中握有该资产的人就会亏损。所以，如果你认为资产的价格已经高得离谱，但你仍然觉得会有更大的"傻瓜"以更高的价格从你手里买走它，那么，这项金融投资就开始变得像买彩票一样糟糕了。可能有人告诉过你玩彩票是愚蠢的，那简直就是拿钱打水漂。我的观点不那么激烈，我认为买几注彩票谈不上愚蠢。但你要记住，彩票不是投资，即使买再多彩票也不会变成投资行为。如果你喜欢偶尔购买几张彩票，那也没什么问题，为社会公益事业贡献一点力量很好，但你心里必须有个底线。问问自己，你是否已经像趋势投资者一样，为了追逐利益而正在承担很大的风险？

是什么造成排队购房？

大家可能都看过《我不是药神》这部电影。这一节中，我想谈谈最高限价，希望对购房者和买药的人能有所帮助。有句古话说，"两国交兵，不斩来使"。这句话出自2400多年前的战国时期。

那个时候有很多小国，使者会在两个国家之间来回奔走，他们也许是去宣战的，也许是去要求对方投降的，也许是去提出某种要求的，或者是去表明他们国家的要求没有得偿所愿。有时候，使者会带来令对方非常不愉快、不受欢迎的消息，让一国之主听了以后非常气愤，恨不得杀死这个使者。但杀掉使者显然不是一个好主意，因为如果杀了使者，以后就得不到真实的消息了。

当然，这不是中国古代才有的问题，同样的情况也出现在古希腊。古希腊人制定了一个类似的规则，也是不杀来使。如果你想要得到消息，你就不能杀死那些带来信息的人。这个故事与经济学有着一定的相关性。价格是一种信息。我在前文中也曾提及，价格会传递有关供需关系的信息，而这对于均衡价格和数量是非常重要的。

有时候人们不喜欢价格传递的信息。当某个东西价格很高时，购买商品的人往往希望价格更低。在某些情况下，他们甚至认为政府应当干预市场，通过制定价格上限的法律或规则，避免某些商品出现过高的价格。下面，我们就利用供需思维来探讨价格上限的经济学知识。

近几十年来，中国价格上限的例子有哪些？我要告诉你的是，世界各地都存在价格上限。中国的这些情况在其他国家也同样存在。一种常见的价格上限是租金调控，它可以防止房子租金的快速上涨。

从20世纪50年代到1998年，中国一直都有租金调控法规。然而，从1998年开始，中国政府大幅放宽对租金的调控——尽管有时在北京等城市仍有限制租金或租金上涨额度的法规。我再次强调，中国实施租金调控并不是什么新鲜事，世界各地都有租金调控法。如很多欧洲城市、纽约以及加州的很多城市等。但总的来说，正如中国在1998年左右开始摆脱租金调控一样，世界其他地区也从租金调控转向设置价格上限。

在2000年左右，中国就有消费者抱怨药价过高。那时候，中国政府为很多药物设定了最高限价。但在2015年左右，又取消了很多价格上限。当然，政府仍然为了安全而对药品实施监管，并约谈制药企业，为消费者争取有利的价格，但是政府不再设置价格上限。这是为什么呢？我们先继续往下讲。

世界上很多国家都有价格上限，包括能源价格上限，这样当人们需要能源供暖、烹饪或驾驶汽车时，价格就不会那么高。国家有时还会在食物上设置价格上限，让人们能够负担得起对食物的需求。因此，在中国以及其他各国的经济中，价格上限的存在是相当普遍的。

当然，这些价格上限的结果是可预测的。只有当市场上的均衡价格更高时，价格上限的存在才有意义。价格上限的目的是降低价格。前文中提到过，在均衡价格下，需求量与供给量相等。但有了价格上限，情况就会发生变化。我们先考虑一下市场需求方会发生什么变化。

价格上限意味着消费者看到的价格低于市场上的真实价格。因为价格上限把最高价格规定死了。这样的结果就是，由于价格下降并被压制，消费者的消费欲望会增强。他们不再热衷于维持现状，只买一点点这类东西。换句话说，有了价格上限，需求量会增大。

那么，在市场供给方面呢？在价格上限的条件下，现在的价格低于原来的价格。价格越低，供应产品的厂商就越想减少供应量。他们可能会转而生产其他产品，不再努力扩大生产或寻找新的生产方式。

因此，由于供给方的这些变化，价格上限将导致供应量减少。把这些需求量和供给量综合起来考虑，那就是需求量会增大，供给量会减少。也许市场就会出现短缺的情况。由于有价格上限，价格可能很低，当需求量超出供应量，可能没有人愿意以低价出售这类商品。举个例子，20世纪90年代中后期中国城市，那时就出现了住房短缺的情况。房子虽然不贵，但供不应求，而且没有太多的新建建筑。如果将价格继续保持在一个比较低的水平上，这似乎有些不符合市场规律。

同样，如果药品有价格上限，药价可能很低。但这样一来，供给量下降，你也无法买到你想要的药品。能源或食品有价格上限时也是类似情况，它们的价格很低时你就无法总能买到你想要的数量。

价格上限导致的另一个结果是质量通常会下降。例如，20世纪90年代后期，中国的很多住房非常老旧。如果你的投入无法得到回报，你就没有投资的动力。租金调控和价格上限妨碍你通过修缮房屋，并靠出租或出售来赚钱。有时候，你会面临经济学家所说的侧向支付。也就是说，你以官方的最低价格出售，但可能需要买方以较高的价格购买其他产品或进行其他类型的付款。

请记住，价格就是一个使者，它会告诉你供需的真实情况。如果你设置价格上限，杀死这个使者，市场就无法以相同的方式进行调整。那么，有什么东西可以替代价格上限呢？这就是要谈的第三点：如果我们不想设置价格上限，我们可以做些什么呢？

毕竟如果人们有能力购买住房，这是件好事；如果人们有足够的收入来购买他们需要的药物，这也是一件好事。如果我们想要实现这些目标，但又要避免价格上限，我们该怎么办？

其中一个方法就是更周全地考虑实际目标。如果重点在于帮助低收入人群，那么就专注于帮助低收入人群，以现金形式给他们更多收入，或者给他们可以用来购买某种能源、食物或住房的优惠券。如果你想帮助穷人，那么专注于帮助穷人。不要为市场上的每个人都设置最高限价，杀死价格使者，却声称你这样做是为了帮助20%的最贫困人口。通常情况下，价格上限的最大受益者是上层阶级和中产阶级，而不是穷人。这些人有以更低价格买到东西的渠道。

另一个办法是找到利用供需关系的办法。我们知道，如果供给量增加，价格将趋于下降。我们也知道，如果需求量下降，价格将趋于下降。因此，如果我们想要降低住房价格，就应该增加住房供应量，想方设法建造更多住房，帮助有需求的人。

如果你想降低能源价格，一种可行的方法是设法鼓励企业投资节能的机械和设备，并帮助家庭购买节能冰箱、灯泡以及汽车。这些措施会降低能源需求，并有助于降低节能产品价格。对于价格过高的产品，总是可以考虑增加供应或减少需求的政策。

政府和公司还可以通过适当的储备方案来调节市场价格。当价格非常低时，可以囤积一部分产品。由于需求增大，价格不会下降。当价格很高时，可以卖掉一些储存的东西。这样一来，额外供应一些产品有助于防止价格过高。如果你考虑这个问题，这个体系涉及在价格低时买入，在价格高时卖出。所以，只要仓储成本不是太高，并且低价和高价不会永久持续下去，你就可以建立一个系统，通过在价格高时出售一些库存产品来避免超高价格的出现。

最后我们总结一下本节：你能想到哪些价格高得离谱的商品或服务？每个人都希望自己购买商品的价格更低。但是，你有没有想过，如果政府通过对该产品设定价格上限来压低价格，需求量会受到什么影响？供给量又会受到什么影响？

现在，我们考虑价格上限的一些替代方案，例如帮助穷人获得更多收入或补贴，设法通过增加供给或减少需求来压低价格，或者调用储备来平复价格波动。所有这些替代政策都有成本，而且它们很复杂。这并不奇怪。毕竟，经济学强调，我们生活在一个不能拥有所有我们想要东西的世界。我们需要做出一些权衡取舍，这些取舍有时不明确，甚至有争议。

请记住，价格是一个使者，即使杀死使者可能会给你带来快感，但时间会证明这是一个坏主意。

03
宏观经济政策

你每天做的工作并不会全部计入 GDP

正如本书开头强调的，微观和宏观仅仅是思考经济问题的不同方式。前面讨论过的商品供需、劳动力和金融市场等主题属于微观经济学的范畴。现在，让我们转向一些更宏观的经济主题，例如GDP、失业率和通货膨胀等。

生活中有一些概念经常被讨论，也许大家已经非常习惯它们的存在，但却很少有人知道它们是如何被"发明"的。举例来说，我们常提到的温度，它是以摄氏度来衡量的，这个说法已经有200多年的历史。时间回到1742年，瑞典天文学家安德斯·摄尔修斯提出了摄氏温标，其中以水的冰点为零度，水的沸点为一百度。而在美国，主要使用华氏温度测量天气，这种测量方法是由一位名叫丹尼尔·华伦海特的人在1724年提出的，他还发明了第一个水银温度计。

经济学中，如何衡量经济规模也是一直被人们津津乐道的话题。从广义上讲，人们很久以前就知道经济存在于商品和服务的买卖过程中。然而，直到20世纪30年代人们才开始真正思考如何衡量经济规模。

与很多伟大的创意一样，很多人在这中间发挥了重要作用。但最杰出的人要数一位名叫西蒙·库兹涅茨的经济学家。他出生在俄罗斯，1920年时来到了美国。正是他创造了用于衡量经济的GDP这一概念，也就是我们现在所说的国内生产总值。西蒙·库兹涅茨也被称为"GDP之父"。

接下来，我们会深入探讨国内生产总值的实际含义，以及中国国家统计局和全世界其他政府统计机构中的经济学家是如何计算GDP的。

让我们先从理性的角度思考一下，如何从需求侧和供给侧衡量GDP。当你衡量经济规模时，衡量的是一年或一段时间内的生产数量。你要先明确一个基本的想法——当某件商品被购买的同时，必然有某件商品正在被销售。如果商品卖给某个人，则肯定有另外一个人会得到收益。因此，当我们想要衡量经济规模时，我们实际上可以从中选择任意一方的角度来衡量。我们可以着眼于总供给量，即生产和销售的总量。或者，我们可以着眼于市场总需求量，也就是商品支出和购买的总值。

如何使政府支出适用于这种情况呢？通常，我们可以把政府支出视为一种消费。毕竟，如果政府政策涉及直接把钱给人民，那么政府支出就变成了人民的消费。如果政府政策涉及消费某种商品或服务，例如建筑、教育或医疗保健，那么这就应该是政府消费的一部分。因此，政府支出的大部分会被视为消费。这里需要把生产和销售的每件商品的值加在一起。但有一个现实情况需要注意——我们只衡量实际已经生产了的商品。

有些商品虽然已经存在，但距离它被卖出去之前可能需要一段时间，并且在这段时间内不会出现更多的产品。举个例子，如果一个人建造了一座房子，大约5年以后，他把房子卖给了另一个人。请记住，经济衡量的是生产出来的物品，而不是所有权的转让。因此，在房子最初建造时，就属于国内生产总值。但后来房子购买和出售时，就不能再计算一次，因为交易过程并没有生产任何新的商品。同样的论据也能解释为什么GDP不包含金融投资，例如购买和出售股票。

在出售和购买股票时，股票的所有权发生了变化，但并没有任何商品被生产出。此时可能会出现重复计算的问题。为了理解这个概念，我们可以思考这样一个生产过程。在某个地方有一座矿，人们从地底下开采出铁矿石；然后，铁矿石被出售给一家公司，后者将铁矿石加工成纯铁；纯铁又被出售给另一家公司，进而生产成钢材；钢材被出售给一家公司用于生产冰箱，冰箱又被出售给其他人。设想一下，我把每一步的销售额都加在一起。在这个过程中，我加入了铁矿石的销售额、纯铁的销售额、钢材的销售额和冰箱的销售额。不难发现，最初的铁矿石计算了好几次。第一次出售时计算了一次，作为纯铁一部分出售时又计算了一次，钢材出售时又计算了一次，冰箱出售时又计算了一次。所以，如果你只是把这些销售额加起来，那么你就计算了多次铁矿石。依此类推，你计算钢材的次数要比你计算生产过程中的其他物品多一次，这就是所谓的重复计算问题。因此，在计算经济的产出时，焦点应放在最终物品的生产，例如冰箱，也就是不会进一步用于生产其他物品的产品。所有之前的物品作为生产过程的一部分，都称为中间产品。

因此，在这一点上，我们可以更准确地定义国内生产总值，即经济活动中购买和出售的最终产品的价值。那么，中国国家统计局内的统计师又是怎么做的呢？让我们讨论一下供给侧和需求侧。

先从供给侧说起。粗略算来，中国每5年会进行一次大规模的经济普查，这是对经济体内所有公司的普查。在普查期间，相关人员将经济分为不同的部门。我们不用凭空想象这些部门，可以简单地查阅全世界其他政府统计使用的部门，这些政府已经花费了很长时间确立如何衡量这些部门的统计原理，我们可以参考他们的做法。然后，每年甚至每3个月，根据能够得到的资源更新每个部门的数据。

有些领域的信息很容易更新计算，有些则不然。举例来说，汽车的生产很容易计算，但如果是理发，就会很难计算，因为有太多的小理发店在从事这项服务。中国处理这个问题的方法是，对于经济体内约一半的部门如农业、工业和金融业等大部门，由政府调查，大的组织收集小型生产者的各领域数据，例如零售店和建筑工地。政府需要定期执行的就是对一些固定生产者进行调查，然后推断其余生产者的情况。

但某些部门，我们很难获得它们的定期数据，而这些部门可能占到经济总量的5%。因此，政府收集了能收集到的尽可能多的数据，而你则需要根据数据进行合理猜测。当5年后下一次大规模经济普查来临时，你可以核实一下你猜对了多少。把这些数据加起来，再加上生产的最终产品，你就可以得到GDP的数量。

我们再从需求侧看，全世界普遍使用的方法是将经济体内的总支出划分为若干个大的类别。这些类别中包括消费类，而商业投资类和政府类通常作为消费类的一部分。然后，你需要加入出口并减去进口。出口指的是购买中国生产的商品和服务的购买力。进口则是在其他地方生产的商品的购买力，你可以获得所有这些内容的统计数据。

国家统计局会对城市和农村家庭进行定期调查，从而获取有关消费支出的数据。当然，政府支出的数据可以直接从政府获得。投资支出来自对企业的调查，调查的内容涉及它们在厂房、机械和设备上的投资。进出口数据大部分来自海关，海关负责稽查往返于边境线的各种商品；某些数据则来自政府机构，这些机构负责研究出入该国的资金流动。

我并不希望大家把这项工作想得太简单。收集数据很困难，关于经济的数据来自全国各地，而不仅仅是这里提到的调查和来源。就保险行业或其他金融行业而言，有非常多的政府机构和私营行业机构与之相关。但数据收集是持续性的，我们总是会进行新的调查，并根据一个来源的数据校验另一个来源的数据，然后每隔几年进行一次大规模的全面调查。

现在我们来看看，哪些校验和平衡确保了这项工作的良好执行？

很明显，不管是中国还是其他国家，这些调查是不完美的，数据也是不确切的，尤其是从短期来看。问题在于，即使粗略地看，这些数据就是正确的吗？随着时间流逝，这些数据是否给你提供了合理的模式概念？我们有一些内部校验机制可以验证。举例来说，如果你从生产和支出两个方面看，你无法让经济体内一个方面的所有供给上升，除非所有的需求也一起上升。因此，同时匹配两个方面是一种校验方式。

当你查看有关外贸和进出口的数据时，你可以根据其他国家的数据进行校验。例如，中国对美国的出口同时也是美国从中国的进口。因此，两个国家都会进行记录。中国过去普遍采用GDP两次核算的方式。一次是省级，一次是国家级。但是，省级统计的数据通常过高，这可能是由于它们没有使用最好的方法汇总数据。因此，国家级统计师不得不进行一些调整。

另一个简单的校验方式是查看能源使用情况。如果能源使用量大幅升高或降低，则可能意味着整体经济正在朝着相同的方向转变。中国国务院总理李克强拥有经济学博士学位，他的资质完全可以胜任经济学教授。2007年，他就建议说，如果统筹考虑发电、铁路货运和银行贷款这三个方面，就会发现经济走强还是走弱的明显信号。因此，统计具有很多种可能。

世界银行会对世界各国政府的统计工作进行评价，结果表明中国使用了最好的方法很好地完成了统计工作，但仍需要继续改善数据的质量。读者们也可以思考一下，在现有方法的基础上有没有其他更好的替代方法。

GDP越高，你就越幸福吗？

不丹是一个人口不足100万的小国，位于中国的西南方向，靠近孟加拉国、尼泊尔和印度。1972年，当时的不丹第四世国王发表了一个令经济学家讨论至今的言论。国王说："国民幸福指数要比国内生产总值重要得多。"这个表述提出了一个重要的概念：GDP和你的幸福指数似乎没有那么强的关联。

前面说过，GDP指的是一个国家或地区在一定时期内生产的全部最终产品和服务价值的总和。那么，GDP之外还剩下什么东西，它有多重要，我们是否遗漏了幸福感呢？

下面，我们将会讨论GDP中未包含，但仍与我们的幸福息息相关的事情。这里我告诉你一个观点：存在于GDP之外的东西。影响人类幸福的东西有很多，但这些东西不一定会在经济活动中进行买卖。

你身边最常见的例子就是家庭生产（home production）。如果我在家做晚饭，那么烹饪并不计入GDP。但如果我在餐厅吃饭或者叫外卖，那么烹饪就纳入了GDP的核算。如果你自己在家修理好了某个东西，那么你的行为是不计入GDP的；但如果你雇佣别人来修理，这就属于GDP的核算范围了。因此，家庭生产不属于GDP。

再举一个例子，人人都关心的健康领域，GDP的核算范围包括医疗保健、医生、护士、医院、药品等方面的支出，但GDP不能直接衡量个人的健康状况。再看看环保领域，GDP核算涉及减少污染或清洁环境的支出，但它并不会直接测量"空气是否被污染"或者"水是否纯净"。再比如教育，通过GDP核算确实能够看出教师工资和学校建设所花费的金额，但GDP并不能衡量能够识字和做数学题的人数是增加了还是减少了，或者高等教育给你的生活带来了什么变化。

时间也是如此，GDP核算了那些花费在度假、看电影和其他娱乐活动上的金额，但GDP不能核算你在娱乐活动中消耗的时间。一般来说，当一个国家的收入大幅增加时，需要工作的时间会减少。举个例子，如果你穿越到120年前的美国，你会发现，工人们平均每周工作时间为55到60个小时，这是很常见的事情。而在现在的美国，很多全职工人平均每周只工作38到40个小时。在许多欧洲国家，人均工作时间甚至更少。在中国，人均工作时间约为每周45到47个小时。我想说的是，GDP并不关注你的工作时长，它仅仅关注总产值。

另一个有关时间的问题是，GDP不会去核算你堵车的时间或者你在通勤上所花费的时间。GDP只核算与买卖有关的东西，比如汽车燃料等等。GDP不会去衡量一国的不平等问题，它只关注总支出和总产值，但从未关注收入大部分流向了富人、中产阶级还是穷人。GDP也不会计算商品的种类。比如超市，GDP并不关心超市上有多少可供选择的商品种类，GDP只关心买卖的总产值。

的确，在很多情况下，GDP增多并不一定是一件好事。例如，发生洪水或海啸等自然灾害以后，你需要重建家园。因为这些重建活动，GDP会升高。但是，我们显然不能将多灾多难看成是一件好事。GDP对所有事情一视同仁，比如救人性命的急诊费用与一顿大餐的费用也许是相同的，它们都会被计算在GDP中。所以，你有没有发现，GDP是一种非常特殊的统计工具，它与幸福无关，它与很多事情都无关。所有经济学家都充分认识到了这一点。

有些人可能会说，GDP才是最重要的事，不需要关心环境、福利、劳工权利等其他事情，这显然是错误的。即使是最早开始衡量GDP的经济学家西蒙·库兹涅茨，也非常了解GDP的局限性。经济学家们试图用更科学的方法计算一国的经济规模，而不是仅盯着一些看似完美的统计数据。

说到这里，你好不好奇自己的幸福指数是多少？

　　我以不丹为例，具体解释不丹是如何测算国民幸福指数的。他们通过收集9个不同领域的统计数据计算国民幸福指数。这九个领域包括心理健康、身体健康、教育、时间的使用和分配、文化多样性及其恢复能力、政府管理、地方活力、生态多样性及其恢复能力，以及生活水平。然后，经济学家们把这9个领域细分为33个更小的领域，进行国民幸福指数的计算。现在有了更简便的计算方法，比如，用来衡量联合国各成员国经济社会发展水平的指标——人类发展指数。它以"预期寿命、成人识字率和人均GDP指数"三项为基础变量，按照一定的计算方法，得出综合指标，现在还加入了基于不平等的一项变量。联合国仅凭这4种变量对各个国家进行排名。

　　回到幸福指数的话题，我们是否应该将不丹用于测量国民幸福指数的所有内容原封不动地应用到其他国家呢？地方活力是否与身体健康、生理健康同等重要？或者，在综合这些指标时，某些指标是否应比其他指标拥有更大的权重？把所有信息混合加工成一个简单的数字，也许用处并不大，反而会隐藏很多重要的经济信息。因此，世界各国的很多经济学家给出了一个共同的答案，那就是建立卫星账户（Satellite Accounts）。

　　一开始，卫星账户只计算国内生产总值，然后经济学家们会建立单独的账户。例如，他们会单独计算一个环境账户、一个健康账户以及一个教育账户。他们把这些称为卫星账户。你可以把它们想象成绕着主要指标GDP在轨道上运行的"卫星"。必须承认，这些卫星账户是有必要关注的，而它们都是独立于GDP之外的。通常来讲，硬把它们整合到一个排名中确实有些牵强。

我们再进一步讨论，国民幸福，是经济学应该追求的目标吗？或者说你追求的目标仅仅是幸福感吗？事实上，世界上的很多国家都进行过类似的调查，调查的内容是让人们用0分到10分来评价自己的幸福水平。还有很多国家都成立了一种被称为世界价值观调查的研究组织，美国的盖普洛公司就是其中之一。这些调查得出的结论很有趣，长期以来，在多个国家进行的民意调查发现了一个共同的结果，那就是人们在45岁至50岁之间感觉自己最不幸福。过了这个阶段以后，人们又会变得更幸福。你一定知道一个词叫"中年危机"，说的恰好就是年龄在40岁到50岁左右的人。这群人尝试改变他们的全部生活，他们对当下的工作、生活，甚至是自己的另一半都不满意。

从幸福调查中获得的另一个有趣的发现是，你只需要很短的时间就能让幸福感发生变化。你能从最近遇到好事的人脸上看出他很幸福，同样，有时你也可以看出来哪些人正遭遇不幸。当发生非常好或非常糟糕的事情后，幸福感会在数月甚至更短暂的时间内明显升高或降低，但随着时间的流逝，又会慢慢恢复到原来的水平。

多年前，一些经济学家进行了一项研究，他们用从1到10分的衡量方法，对比1990年和2009年中国国民的幸福水平。结果显示，中国在1990年的幸福水平为7.2，2009年是6.8。这意味着什么呢？虽然中国的经济在此期间增长迅速，2009年的人均GDP大约是

1990年的4倍，但是人们的幸福感却下降了，我认为幸福感下降的一大原因是：在1990年，改革开放没过多久，很多人都记得改革开放之前的生活，所以会觉得当下的生活比之前幸福，但在2009年，多数人已不再记得之前的贫困状态了。当然，造成这个调查结果还有很多别的原因，但这些都让我觉得幸福调查很有趣。

最后，要说一点关于幸福的思考，我不太确定幸福是不是一件好事。比如，几年前我在写一本书，这花费了我几年的时间，我经常起早贪黑地加班。如果你问我，泰勒，你幸福吗？请用1到10分评价你的幸福水平。我可能不会说我超级幸福，但我真的很高兴写出了那本书，挑战让生活变得有趣。想象一些生活中的重要时刻，比如坠入爱河或者照顾孩子，都是非常令人高兴的。当然，也有一些时刻让我们觉得苦涩。生命是多彩的，有努力，有挣扎，有成功，也有失败。所以说，只用从1到10中的一个数字来定义幸福，似乎远远不够。

现在，在你心中，列一个不属于GDP的活动清单，再想一想，如果把这些东西列入GDP中会有哪些好处？关注很多不同的因素是一件好事，但我对将所有因素都纳入一国经济的考量原则持怀疑态度。GDP是一种有用的统计方式，但它并不能代表一切。

经济增长的神奇公式

在本节开始之前，我们先做个小测试。你是愿意过150年前晚清某个皇帝那样生活水准的日子，还是愿意过中国现代某个城市中等收入的普通人的日子?

这个问题有趣的地方在于,如果你选择皇帝的生活标准,你也必须生活在150年前的技术和经济水平下,没有电,没有自来水,交通不便,吃的东西、听的音乐种类都很有限,当然也没有互联网、电话和现代的医疗保健水平——既没有预防疾病的疫苗,也没有治疗各种感染的抗生素。那么你选择的答案是什么呢?

当我问学生这样的问题时,总有少数人想当皇帝,这当然没问题。这没有正确或错误的答案,它只是说明人的偏好不一样,但通常大多数人更愿意活在当下。对许多人来说,现代世界的经济和技术是如此的神奇,值得他们放弃过皇帝一样富有的生活。但即使是那些选择成为皇帝的人,想到必须要生活在以前的社会状况下,还是让他们多花了些时间思考是否值得。

下面,我们就来谈谈是什么创造了经济增长,什么是生产力,什么是经济增长的神奇公式,以及中国如何使用这个神奇的增长公式。

一般来说,生产力就是指单位投入产出比。

因此它可以用不同的方式来衡量,比如每小时工作的产出或每个工人对整体经济产出。在农业中,生产力有时被衡量为每公顷土地的产出。只要仔细想想你就会发现,持续的经济增长需要以生产力水平长期持续的增长为支撑。

当前，随着中国人口老龄化，劳动人口的规模也在下降。因此，如果中国想要实现经济增长，那就意味着更少的劳动人口需要生产更多的产品。每个工人需要更多的产出，即全力提高生产力水平。事实上，提高每个工人的生产力是实现持续增长的唯一途径。那么，如何才能实现更高的生产力和经济增长？

让我们来看看中国稻农的经历及随着时间推移的生产力变化。如果你回溯到1960年，你会发现中国的稻农每公顷土地能生产2吨稻米。1977年，经济体制改革开始之前，每公顷稻米产量提高至3.6吨。而1984年，在农村改革仅仅开始6年后，每公顷土地的产量就增加到了4.5吨。从那时起，稻农的生产力持续增长，现在中国的稻米每公顷种植产量增加到了7吨。

当然，这并不是因为稻农的工作时间增加了，也不是因为稻农的人口增加了。事实上，随着时间的推移，中国农业从业者的数量一直在大幅减少，但是稻农的生产力却大大提高。这是因为中国农民接受了更多的教育，他们学会了更为有效的水稻种植方法。

当然还有技术进步的原因，尤其是种子和化肥都更优质，机器也更加先进。传统的水稻种植需要大量的手工劳动，但在中国和世界各地，越来越多的机器被用于水稻生产的各个主要步骤。例如在中国，大部分耕地或犁田的工作都已经可以由机器完成。

水稻的播种是机械作业中最困难的部分。传统的种植方式，水稻幼苗在苗圃中被培育出来，然后被拔出并移植到水稻田里，但现在机器就可以做到这一点。这种机器在日本等一些劳动力成本高的地区被广泛使用，现在也正在中国被广泛应用。机器可以为水稻施肥，还可以用飞机从空中喷射肥料。收割水稻的机器目前正在中国各地广泛传播。随着中国工资的上涨，人们有越来越多的机会和条件，在减少劳动力的前提下，使用更先进的机器和技术来增加产量。

中国稻农的经历让我们很好地了解了实现经济增长的神奇公式。它仅有4个要素，即更多的实物资本，比如设备和机器，更多的教育和人力资本，比如受过高等教育、技能过硬和经验丰富的工人，更先进的技术和努力工作的动机。这个公式中的所有要素是协同生效的。

例如，如果你拥有了新技术，你将经常需要对机器、计算机等设备进行新的投资，这项技术才能实际上被用于经济领域。或者如果你的员工具有更多的教育资源，他们受过高等教育、拥有更多的经验，他们就能更好地使用这种新机器，更好地思考未来的发明和创新。

那么中国是如何使用经济增长公式中的这4个要素的？

就实物资本投资而言，中国一直处于相当高的水平。记住，国内生产总值（GDP）=总消费+总投资+净出口。你可以使用GDP数据来研究投资，并对各国进行比较。一个常见模式是，高收入国家如美国和英国，他们的投资通常占GDP的20%，上下浮动几个百分点。然而，在东亚那些经历了快速增长的国家，比如20世纪60年代到80年代的日本，或者20世纪70年代到90年代的韩国，它们的投资通常占GDP的30%，甚至更高。这被认为是一个非常高的比例。在20世纪80年代，中国的投资占GDP的比例经常在30%到35%这样一个极高的范围内，之后还变得更高了。

中国在2001年加入世界贸易组织后取得了巨大的出口增长。企业把从繁荣的出口贸易中赚取的大量资金投入到更高水平的投资中，所以中国的投资占GDP的比例从2007年开始的10多年里上升到了45%，有时甚至更高一点。世界上各经济体中从来没有见过如此高的投资率，当然也没有持续这么长一段时间的。

事实上，我听到许多国内外研究中国的经济学家都表达了这样的担忧：尽管高投资率通常是好的，但过犹不及。中国可能已经到了这样的地步：问题不在于提高投资率，而在于能确保以一种获得最高回报的明智方法来进行投资。增长的神奇公式的第二个要素是教育和人力资本。更确切地说，我将把重点放在教育上。但当经济学家说到人力资本时，他们实际上指的是工人们拥有的所有技能，包括在工作中获得的经验。

在过去的40年里，中国的教育水平显著提高。例如，1978年，15岁及以上年龄人口的识字率只有66%，但是现在识字率已经上升到90%以上。1978年，中国完成中等教育的25岁以上的劳动人口占总人口的比例仅为6%，现在大约30%。大学入学人数也在快速增长，20世纪90年代末，中国每年的大学入学人数约为100万，现在每年有700多万。在短短20年里，大学入学人数增加了6倍，这真是一个了不起的成就。

中国教育的收益是巨大而且真实的，但当经济学家试图计算出什么对中国过去几十年的增长更为重要时，发现私人资本的投资似乎比教育的收益更重要。这是为什么呢？试想一下，如果你购买了一台新机器或一台新电脑，你马上就会使用它。也许过了几年，它就会磨损，你就可以把它替换掉。如果你为孩子的教育投资更多，这个孩子在10年、15年甚至20年的时间里都只是学生，不会作为工人成为经济的一部分，但是他会从教育中受益终生。

换句话说，投资新设备来发展经济可能是一个相当快速的过程，尤其是在每年投资占GDP的40%或更多的情况下。但是，将劳动年龄人口提升到一个新的教育水平需要更长的时间。当然，它的回报会持续更久。

第三种要素是新技术，新技术很难直接衡量，但是有一些方法可以解决这个问题。

一个方法是看一个经济体的研发支出。世界经济的一贯模式是，美国、德国和日本这样的高收入经济体会将其国内生产总值的大约3%用于研究和开发。像中国一样的中等收入国家预计平均将其国内生产总值1%左右的资金用于研究和开发，但实际上中国在研究和开发方面的花费大约占其GDP的2.1%。这个比例并不像高收入国家那么高，但和其他人均GDP水平相当的国家比要高得多。

另外的衡量方式是看看有多少人拥有科学和工程博士学位，现在中国拥有博士学位的人数比美国更多。你还可以查看美国、欧盟和日本的专利局向中国研究人员和公司发布的专利数量，这一数字也在迅速上升。所以中国的技术基础显然正在迅速崛起。

最后一个因素是努力工作的动机。中国过去40多年的经济体制改革显然为工作提供了更多的动力，因为工人们可以赚得更多。经济环境也发生了巨大变化，鼓励创业，鼓励高效地经营企业，鼓励更好地服务顾客，鼓励创新。

回到开头的那个测试，你愿意回到过去当皇帝，还是活在当下做普通人？经济增长和快速发展使你生活的许多方面都有巨大的不同。那么现在你会怎么选呢？

目前，中国的人均GDP约为欧盟国家的1/5，美国的1/7。你想让中国迎头赶上吗？如果是这样，你会非常关心经济增长。下面，我们将进一步讨论全球经济增长模式的变化以及中国下一步的发展方向。

中国可持续增长所面临的挑战

1995年的诺贝尔经济学奖得主罗伯特·卢卡斯讲过一个有趣的观点：你可以把过去200年全球经济的发展看作是一场赛马游戏。

你可以将每个国家看作不同的马。在赛马开始之前，所有的马都在起跑线列队，准备开跑。但在卢卡斯描述的全球经济赛马中，并非所有国家都同时起跑。在1800年，也就是工业革命时期，跑马场的赛道只对几个国家开放，比如美国、英国和欧洲某些国家。

这些国家想出了一种利用创新和技术变革来维持经济持续增长的方法。他们开始走上经济增长的轨道。卢卡斯认为，在全球赛马中，进入赛道的国家必须不断地发明新技术，这样才能保证他们国家的经济规模能以每年2%的速度增长。随着时间的推移，其他国家也进入跑马场，比如德国等欧洲北部国家。20世纪，日本、韩国也纷纷开始加入跑马场。大约在1978，中国也进入了跑马场的赛道。

不得不说，后来进入赛道的国家有后发优势。"后发优势"指的是后发展的国家可以很快从先发展的国家那里学习到技术，不用走弯路，后发展的国家可以从长期追赶增长的机会中获益。所以，他们的经济增速很可能超过2%。例如，在过去的40多年里，占全球人口数量约20%的中国，经济的年均增长率约为7%。中国面临的挑战是如何保持自身稳定持续的增长并继续向前推进。让我们从3个方面来讨论如何应对这个挑战。首先，我会告诉你什么是中等收入陷阱（the middle income trap），它与经济增长之间有什么关联。其次，我将讨论中国经济增长的动能正在减少的原因。之后，我将讨论中国未来的增长新动能是什么。

先来看第一点，中等收入陷阱就是国家想要经济增长、增长、再增长，但当国家发展到一定程度后，他们就达到了瓶颈，被困在他们目前的生活水平中，经济发展徘徊不前。世界银行的经济学家几年前就中等收入陷阱做了一篇大报告——如果把世界上所有国家按1970年的GDP排队，然后用2010年的数据重新排队。比较一下，有多少国家在勇往直前，有多少低收入国家变成了中等收入国家，有多少中等收入国家变成了高收入国家？

当然，中国的发展有目共睹，除此之外还有很多例子。比如，韩国的发展就赶超了很多国家，非洲的博茨瓦纳追赶的速度也很快。但也有一些反例，如委内瑞拉等非洲国家，他们并没有随着时间的推移赶上别的国家。世界银行的经济学家们说，从世界各国的情况来看，1970年到2010年间，并没有一个经济赶超别国的通用模式。

为什么总结不出经济发展的通用模式呢？为什么有些国家在上升到中等收入水平后，就会被困在那里了？有一种解释是：当一个国家非常贫穷的时候，起作用的经济增长模式与这个国家变富以后还能继续起作用的模式不一样。举一个非常常见的例子，低收入国家的农业生产率大幅上升，因此可以鼓励农村地区的人去从事其他工作，比如进入制造业或服务业。但是你不能一直这样鼓励下去，想要继续提高生产率，避开中等收入陷阱，下一步的发展策略必须有所不同。

让我们在中国经济的背景下继续思考。也就是我们要讨论的第二点：为什么说中国经济增长的动能正在减少。在1978年，大约70%的中国劳动力集中在农业，现在只有不到10%，而且这一比例仍在下降。数以亿计的劳动力从农业转到经济的其他领域，为中国生产率的增长作出了巨大贡献。但随着中国的经济发展进入到了不同阶段，这种发展模式也不能一直延续下去。因此，中国未来的经济增长点不是农业。

中国经济的第二个问题是，出口的大幅增长也不太可能延续。前文提到过，中国在2001年加入WTO后，出口大幅增长。1999的出口占中国GDP总量的19%左右，到2006年，这一比例翻了一番，现在出口占GDP的比重又回到了19%左右。2018以来，整个世界都弥漫着有关贸易的紧张气氛，对贸易平衡的担忧也在增多。中国之前出口激增的情况，近期应该不会再次发生。

在向制造业转型的过程中，中国经济增长主要是从农业转向低工资的制造业。不过现在有关背景已经变了，其中一个转变是，与越南、菲律宾、印度等国相比，中国不再是低工资国家，因此，更多依赖于低工资劳动力的经济增长不会对中国起作用。

此外，制造业的性质也发生了巨大的变化。哈佛大学的一位经济学家丹尼·罗德里克写过一篇关于过早去工业化（premature de-industrialization）的文章。他的主要观点是，许多国家如日本、韩国在某种程度上都遵循着一种模式。这种模式的逻辑是，首先从低工资的制造业开始发展壮大，随着时间的推移，就可以上升到高工资和更高技能的制造业。这是经济增长的途径之一。但事实是，在新兴经济体远未达到和发达国家旗鼓相当的收入水平时，制造业就开始萎缩。正如罗德里克所指出的，制造业的性质已经随着机器人技术的崛起发生了变化。[6]因此，通向更高工资制造业的道路可能是转向更多机器人的制造业，但这对整个经济发展来说完全是另一回事。因为使用更多的机器人，意味着运营工厂需要的人比以前要少很多。

因此，中国未来经济增长点不是基于农业，不会建立在制造业低工资劳动力的基础上，随着机器人做了更多高工资的制造业工作，经济增长也不会基于更多的工作岗位，中国未来的经济增长点也不会基于出口的猛增。那么，究竟以什么为基础能拉动中国的经济增长呢？让我们转到将要讨论的第三个问题——中国未来的新增长动能是什么。

尽管中国在过去的40年里有着惊人的增长速度，但中国仍然是中等收入国家。事实上，中国还没有达到日本在20世纪50年代到70年代的水平。

例如，1950年，日本的生产率只有美国的15%。到1975年，就达到美国的80%。25年里非常迅速的追赶式增长。1965年，韩国的生产率是美国的40%。到1990年，它已经达到了美国的65%，又是一个25年的高增长。但目前，中国的生产率仅有美国的20%左右。

与韩国和日本起步时的增长水平相比，中国还有很大的差距，这也表明，中国有更多增长的空间，中国不会进入中等收入

---

[6]　Dani Rodrik. Premature Deindustrialisation in the Developing World[J]. Front. Econ. China, 2017, 12（1）: 1-6.

陷阱，然而，中国可能不会通过大量的实物资本投资来维持增长。当然，中国经济仍然需要投资，且近年来投资水平一直非常高。

其实，中国经济增长可以源于国内的消费领域。事实上，中国官员和经济学家多年来一直在谈论重新平衡中国经济发展方式的必要性，更强调提高国内消费。消费什么呢？这很容易想象。比如，更多的住房，更多的道路和基础设施。你也可以想象人们拥有更多的产品，包括手机、电脑、空调等。但对于世界各地的高收入国家来说，就业和产出的最大部分来自于服务业。

服务业包括医疗保健、教育、信息服务、金融服务、交通服务、娱乐、旅游、休闲、食品服务，甚至零售业等。从中等收入经济体到高收入经济体的变化，意味着拥有更高教育水平的劳动力、更多的资本和更多获得更好技术的机会。在过去40年里，中国在从低收入国家向中等收入国家转变的过程中，在以上方面进步很大，但中国想要保持快速增长，就需要进行新的转变。

试想一下，在中国各地的大量投资，在科技、教育、研究和发展方面，经济更多地关注于生产率的提高，而不仅仅是制造更多的设备。中国未来经济的发展重点不应是投资于物质资本，而应是以知识和技术为基础的服务经济。此外，这一服务经济需要遍及整个国家。全世界都有一个问题——如何将一个国家的大城市与周围的小城镇和农村联系起来。

比如纽约这样的大城市与几百公里以外的许多小城市有着强

大的经济联系。对于一家大公司来说，不将主要业务定位在纽约市是不太合理的，但它会选择一个离纽约不远的小城市，而在专注于服务和高速互联网连接的世界经济中，大部分纽约经济都与伦敦、柏林、东京、北京或上海联系在一起，而不是连接到周边小城市和纽约的其他地区。

经济体是比国家更高一层的存在形式，它不仅仅代表这个国家大城市的高收入部分。因此，发展经济意味着要建立从大城市到中小城市以及农村的联系。世界各国，包括中国在内，都知道这一点很重要，并且仍在努力找到最终实现它的方法。

失业究竟是谁的错

下面我们来讨论劳动力市场和失业问题。学习经济学也许不能让你避免失业，但至少能让你知道为什么会失业。想象一下，你现在感觉不舒服，有感冒的迹象，于是你拿温度计去测体温。体温计读数显示你的体温正常，37摄氏度。你觉得这很奇怪，于是你开始记录你的体温。有时候，你觉得自己身体很好；有时候，你觉得自己还是不太舒服。但是不论你感觉如何，温度计显示你的体温总是在37摄氏度上。现在，有两种可能，一是你根本没有生病，二是你的温度计坏了。

过去，中国官方公布的失业率就像卡住的温度计一样，读数基本不变。想想过去20年间影响中国经济的一些事件，比如，在20世纪90年代前后，许多劳动力的就业从国有企业转到私营企

业。1998年发生了东亚金融危机，之后城市化进程加快，中国有
几亿人从农村迁移到城市；2001年，中国加入WTO后，一场巨大
的出口热潮持续了多年；2008年，一场金融危机席卷全球……所
有的这些事情都已经发生，也在不断影响着世界。在这整个过程
中，自2002年来的10多年间，中国的失业率几乎没有变化，失业
率一直在4%到4.3%之间波动，这个范围非常非常的小。相比之
下，在2008年金融危机前，美国的失业率大约为5%，在金融危机
最严重的时候，失业率上升到10%左右，现在又回落到5%或更低
一点。

事实上，在经济繁荣和衰退的时候，失业率应该有所变化。
如果你得出的失业率没有变化，那么你衡量的可能就不是失业
率，而是其他东西。所以你有必要知道失业率是如何衡量的。我
们将从三个方面来探讨这个问题，首先我会告诉你失业的定义，
以及经济学家对失业的理解。其次，我会告诉你中国过去衡量失
业的方法。再次，我将谈谈中国国家统计局在2018年采用的新方
法，这种方法会给我们一个更好的视角来了解中国的失业状况。

先来看第一个问题，如何定义失业。失业的概念看起来似乎
很明显，当人们没有工作的时候，就是失业。但这个问题并不是
显而易见的。经济学家可以把这些问题摆到台面上，将问题割裂
成小块，然后再用很长时间来进行深入思考。

何谓失业？几年前退休的老人也没有工作，他们该算失业者
吗？一对刚生宝宝的已婚夫妇，在一段时间内，他们中的一方得

待在家里带小孩，这算失业吗？再比如说，有人不找工作而且他自己也不想找工作能算失业者吗？很多人都认为，你可以把一个经济体中的所有成年人分为两类，有工作的和失业的，但其实并不是那么简单。事实上，应该把这些人分为三类。那些有工作的是第一类。还有一些人，他们根本不属于劳动力的范畴，他们没有工作，也不打算找工作。也许是因为他们年纪大了、已经退休了，也许是出于其他原因，他们对拥有一份工作并不感兴趣，这是第二类。第三类人就是真正的失业人群——没有工作但想要找到工作的人。

举个例子。美国有一项全国性调查，每个月都会进行一次，它会问你几个问题："你现在有工作吗？"如果你的回答是"有"，你就会被算作有工作的人。如果你的回答是你现在没有工作，它会继续问："你在过去的几个月里一直在找工作吗？"在美国的失业统计中，你需要失去工作并且最近还在找工作才能算作失业，否则你就会像退休老人一样被排除在劳动力大军之外。这项调查每个月覆盖了美国大约6万户家庭，其中包括11万成年人，调查样本范围很广，从1940年开始，美国统计局每个月都做这项调查。

所以，失业的定义取决于两点，首先是你有工作吗？如果你没有工作，你现在真的在积极地找工作吗？只有同时满足这两点，才是真正的失业。

现在让我们来看第二个问题——中国以前都是怎么衡量失业

率的。之所以说以前，是因为中国已经改变了衡量失业率的方法。在2018年春季，中国国家统计局宣布了一种计算失业率的新方法。这种基于调查的方法和美国以及世界上其他大多数国家使用的方法是一致的。在此之前，中国的失业率是由人力资源和社会保障部来统计的。它的统计样本只来自那些有城市户口的人，所以统计的失业人员，就是那些在当地就业服务机构登记为失业者的人。仔细想想就会发现这里面是有问题的。比如，并不是所有失业的城市居民都会去就业服务机构登记。还有，这个统计只关注有城市户口的人，不包括来自城市周边农村的农民工。整个国家的城市中，大约有3.1亿城市户口的劳动者，还有2.7亿农村户口的农民工。在之前的失业人数统计中，并没有把农村户口这部分算进去。

另一个问题是，在某些情况下，一些行政机构的报告会将一些人排除在劳动力大军之外，比如提前退休或长期休假的人，他们不属于失业人员。把所有这些因素放在一起，得到的结果就是一个由官方公布的似乎没有变化的失业率。这好像不符合人们在中国城市里观察到的情况。所以，很多经济学家和企业家都不再关注中国的失业率。毕竟，如果温度计总是显示37摄氏度，那么从某一时刻开始，你就再也不会看它。

当然，中国政府有时会进行全面调查。比如，2000年时曾有一项调查，结果中国的失业率大约是8%，在金融危机之后，这似乎是一个合理的数字。五年后的2005年，中国加入WTO后的一项后续调查发现，失业率已回落至4%左右。

中国科学院农业政策研究中心曾做过一次调查，他们的报告称，在2008年和2009年金融危机最严重的时候，中国有4500万农民工失业。一年后的后续调查发现，农民工的失业率再次下降，因为大多数工人又找到了工作。

另一项有关失业的调查是针对中国经理人的调查，被称为"采购经理人指数"，它对中国所有公司的采购经理进行调查。统计人员会问采购经理的一个问题是："你们公司的就业水平是上升了还是下降了？"他们不会问经理具体上升还是下降了多少，所以这不是一个完美的衡量标准，因为问的问题比较笼统。但是如果很多公司的回答都是就业率有所下降，我们就可以认为失业率在上升。如果很多公司的就业率都在上升，那你也可以预料到，失业率在下降，而这些变化在中国官方的失业率中并没有体现出来。

因此，在2018年初，国家统计局引入了一种新的失业率计算方法。这也是我们要讲的第三点。总部设在瑞士日内瓦的国际劳工组织的报告称，全世界有76个国家根据调查公布了他们的失业数据。仅有8个国家报告的是在某些政府机构登记的失业人口数据，而中国就是其中之一。所以中国是时候做出改变了，但你不可能一下子解决所有问题。中国统计人员花了大量时间和精力才改善了GDP的数据统计方法，改善失业率的数据统计方法也是个大工程，不可能仅仅靠打个响指就开始一项庞大的全国性调查。

事实上，启动这项新的失业衡量方式的工作可以追溯到10多年前，中国的统计学家一直在努力实现这一重大突破。早在2005年，国家统计局就开始每年进行两次全国劳动力调查。2009年，当数百万农民工失去工作时，这些调查变成了覆盖31个主要城市的月度调查。在2016年，国家统计局开始在全国范围内推广这一调查，这项调查涵盖了所有在城市工作的人，包括那些已经在城市中生活了几个月的农村外来人员。

这种新的统计方式是一个巨大的进步，但我要告诉你世界各地的经济学家都在关注的一件事。世界充满了巨大的变革，中国经济也是如此。当经济发生重大变化时，我们预计中国的失业率也会发生变化。中国经济中有很多好消息也有很多坏消息，这都是正常的，如果失业率不升也不降，这个失业率就像那只不管你是生病了还是好转了，都告诉你同样温度的温度计，这样的数据是不存在实际指导意义的。

最后，请大家思考一个问题。为什么很多没有工作的成年人实际上没有被算作失业者？

评估失业风险后再做职业规划

想象一下，你感觉自己很不舒服，你去了医院，医生说你发高烧，并给你开了一堆药。你问医生："发烧的原因有很多种，难道你不应该试着找出我到底哪里不对劲吗？"医生说："没有必要，什么原因引起的高烧并不重要，任何发烧的人，我们都会给他们同样的药。"这种做法在经济学家眼中是有纰漏的。就像失业问题，仅仅知道失业率的水平是不够的，你需要知道失业的原因。

上文中我们讨论了失业率如何统计，下面我想从经济学的角度来带你分析失业的原因。让我们从第一点开始：失业为什么不好？一个显而易见的答案就是失业直接导致贫困，失业者的生活往往都较贫困，他们的生活可能会面临更多的压力。研究表明，在许多国家，失业可以导致一个人的健康状况变差，失业家庭的孩子往往在学校表现不佳。

但对于整个社会来说，还有一些其他成本需要考虑。一个是产出的损失，因为经济中少了这部分失业工人的潜在产出。那么到底会减少多少呢？我们来计算一下。

假设中国一年的GDP是80万亿元——当然，实际数字大概还要更高一些。我们假设，增加1%的就业可以使中国经济增加1%的产出，80万亿元的1%就是8千亿元，也就是失业率每升高1%或下降1%，中国GDP会增加或减少8千亿元，这是一个难以置信的巨大数字。而且，失业者不仅仅是没有参与生产，他们还不缴纳所得税和其他税收。失业者最终更可能依赖政府的扶助项目，所以还会增加社会负担。我的观点是，失业是一种真正的疾病，它对个人、家庭、政府预算和整个经济而言都是有成本的。

第二个问题是，为什么失业问题在经济学上是一个谜？我们在第二章中讨论过，劳动力市场也可以用供需理论来分析。试想一下，商品和服务市场中，市场由价格调节，供需可以实现均衡，如果用供需理论分析，劳动力市场应该也可以达到均衡状态，怎么可能发生失业这样的事呢？

失业是指在现有的工资条件下，劳动力供给的数量大于劳动力需求的数量。也就是，劳动力供给过剩。这种情况下，按照供需理论分析，理性的雇主应该开始削减工资，并雇佣一些失业者，因为他们的工资可能会便宜。但现实是，你很少看到公司大幅减薪。为什么即使供给量大于需求量，也没有出现工资下降的情况？是什么原因导致实际工资水平高于均衡水平呢？其中一个原因可能是价格下限——最低工资阻止了工资的过分下降。当然，还有其他更加微妙的原因，经济学家花了很多时间来研究这个问题。

如果你是一个雇主，在考虑削减员工工资时，你会担心的一个问题是生产效率降低。因为你的员工可能会因为降薪沮丧，然后不努力工作。另一个问题是，如果一个雇主雇佣了一群工资较低的工人，现有的职工不会太高兴，因为现有的职工会担心这些新来的正是自己的替代品。还有一个不可避免的问题是，新员工来的时候，你还要给新员工传播公司文化、进行岗位培训。

但最大的问题是，如果你削减了工资，一些员工会跳槽。而且最有可能辞职的就是你手下最棒的员工，因为他们有能力寻求更高薪的工作，这是劳动力市场不同于商品市场的最关键一点。如果草莓或苹果的价格下降，草莓和苹果并没有更多的选择权，而劳动力市场却不同，当薪资下降，员工会有所反应，他们有可能会选择换工作，甚至去其他城市工作。因此，在劳动力市场，出于最低工资的原因，工资仍会停留在劳动力均衡价格之上，劳动力供给量高于劳动力需求量。请记住这个观点，它与我们今天的第三个问题密切相关，也就是失业的类型、原因与对策。

第一种失业类型我们称之为周期性失业，也就是我们上面讨论的情况。由于整体经济的支出和产出水平下降，即总需求不足而引起的短期失业，它一般出现在经济周期的萧条阶段。

经济不景气意味着公司不能达到预期的销售量，所以它们减少了生产，减少了劳动力，减少了招聘。这种失业在中国和世界各地都会发生。之所以被称为周期性失业，就是因为它与经济周期有关。是什么导致经济增长放缓或衰退，从而导致劳动力需求下降？上文讨论GDP的模式时，我们讨论过这个话题。答案是，经济放缓是由于经济体中的总需求下降，这通常与金融危机或银行危机有关。

那么，周期性失业的政策解决方案是什么？如果是因为总需求放缓，那么政府就应该在经济中创造更多的需求。政府有很多方法可以实现这一目标，政府可以减税，让人们有更多的钱可以用于消费；政府也可以试着降低利率，改变金融监管的松紧，这样经济中就会有更多的贷款和信贷。

第二种失业叫作摩擦性失业。当两个粗糙的表面相互接触时，就会发生摩擦。在实体经济中，可以将这两个粗糙表面看作劳动力的需求和供给。想一想劳动力的需求，数以百万计的雇主都有不同的需求，不同的管理者、不同的产品在中国经济中不断地增长和变化。想想劳动力的供给，8亿中国劳动力大军，有着不同的背景、技术、年龄，他们从农业转移到制造业，从农村转移到城市，这里面涉及很多的流转。

2008年早些时候，我看到智联招聘做了一项调查，覆盖了中国37个主要城市的5万人，调查指出大约2/3的员工计划在3年内换工作，随着劳动力市场的复杂变化，将会有一些人正处于两份工作的转换期，毕竟，员工寻找最适于自己的工作需要时间。想要减少摩擦失业，就要帮助人们更快地找到新工作，或者找到更适合自己的工作。

现在有很多方法可以让员工和雇主了解彼此，比如广告、招聘会、招聘网站等等。但在一些欧洲国家，政府确实在减少摩擦性失业方面发挥了作用。对于失业者，政府会提供帮助，帮助他们学习如何申请工作，如何进行工作面试，有时政府能帮助他们掌握一些他们可能需要的基本技能。你可以尝试以不同的方式减少摩擦性失业，当然失业率永远不会降至零。

最后一种失业是结构性失业，主要是由于经济结构，包括产业结构、产品结构、地区结构等发生了变化，现有劳动力因知识、技能、观念、区域分布等不能适应这种变化，与市场需求不匹配而引发的失业。与中国相比，欧洲等高收入国家所面临的结构性问题更大。最常见的情况是，本来规则是想帮助工人，但以不尽如人意的方式改变了激励机制。比如，规定公司如果想要辞退员工，必须提前几个月通知，或者给员工额外的补偿等。你本来试图通过这项条例来帮助员工，但结果是公司觉得雇人太麻烦，因此结构性失业将会更多。

或者想象一下，有一项政策能长期给失业的人们提供大量支持。但结果是，一些人因此不再努力地去找工作，因此结构性失业率会上升。如果你想改变这种结构性失业，你需要认真考虑如何制定规则，才能在保护员工的同时又不让激励机制以一种消极的方式运行。

如果把摩擦性失业和结构性失业加在一起，经济学家有时会将其称为自然失业。当然，自然失业率并不是一个不变的常数，它不像纯水的冰点是零摄氏度那样简单。这里，自然的意思是每年都有一个特定的预期失业率。即使经济运行良好，万事俱备，失业也会发生。

如何应对未来的就业挑战

全球人口的年龄分布正在发生巨大变化。如果你将1700年到1950年内的全球人口看作一个整体，那么大约有35%的人口在15岁以下，5%的人口在65岁以上。

换句话说，在这段很长的时间内，儿童的数量是老年人的7倍。但随着出生率的下降、人类寿命的延长，这种模式开始转变。从现在起的50年后，也就是大约到2070年，全球人口中65岁以上的老年人和15岁以下的儿童的数量会大致相等。因此，在未来，我们的世界将会有更多的老人，而不是孩子。

地球上的人口构成发生了惊人变化，经济学家称之为人口转型，这引出了关于家庭和社会的各种问题。下面我们就来谈谈中国未来将会面临的几个就业挑战，你也可以思考一下你是否在被挑战的群体中，以及如何调整自己未来的职业规划。首先，我将带你从中国劳动力和人口转型开始讨论。其次，我们将讨论如何解决中国劳动力长期面临的挑战。再次，我将告诉你什么是通用人力资本和特定人力资本，未来哪种人力资本将成为中国的劳动力主力和高薪群体。

现在，让我们来先来谈谈中国的人口转型。从1980年经济体制改革开始到现在，中国处于人口转型阶段，这个阶段有时被称为人口红利期，也就是说中国的劳动年龄人口占总人口比重较大。以年龄为界，把中国的人口分成三组，劳动年龄指15到64岁的人，另外两组就是大于劳动年龄和小于劳动年龄的人。

从1980年至今，中国劳动年龄人口从6亿增加到9亿。与此同时，0~14岁年龄段的人数却在下降，65岁以上的人数增加了大约一倍，所产生的影响可以相互抵消。总的来说，中国的劳动年龄人口占总人口的比例上升了。在20世纪80年代早期，劳动年龄人口占中国人口的62%，到2010年占75%。现在回过头看，也许正是因为年龄模式的转型促进了中国经济的增长，那是一个中国劳动年龄人口比重较大的时期。但1980年一个20岁的员工，到2020年就60岁了，这是一个接近退休的年龄。

20世纪70年代，中国的出生率大幅下降，目前劳动力的规模正受到这个低出生率的影响。中国的劳动年龄人口正在下降，2011年中国的劳动年龄人口大约有9.25亿，2019年下降到8.9亿，预计2030年将下降到8.3亿，2050年将下降到7亿。与此同时，老龄人口正在增加，一组政府的统计数据[7]显示，截至2019年，60岁以上的老人约占中国总人口的18.1%。但到2050年，60岁以上的人口占中国总人口的比例将超1/3。

我们必须重视的一点是，在未来30年里，对于这种人口趋势，你能做的并不是很多，因为你很难在短时间内去扭转这种趋势。即使中国很快就会有更多的孩子，但到2050年，这些孩子也只刚刚超过30岁，而10年后出生的婴儿到2050年也只有20岁左右。而人口生育率降低和人均寿命延长，就会导致总人口中年轻人口数量减少，老年人口数量增加，也就是我们常说的人口老龄化。

世界各地的人寿命都更长了，而这对中国劳动力也有一些影响。退休年龄有一点变化是很常见的。在中国，男性的退休年龄为60岁，女性的退休年龄还要更早一些。20世纪70年代，中国人的预期寿命是66岁。现在，中国人的预期寿命约为76岁，而且还在变得更长。退休后，人们所拥有的时间越来越长了。因此，

---

[7]　中国发展基金会《中国发展报告2020：中国人口老龄化的发展趋势和政策》。

我希望随着时间的推移，中国会逐步实现转变，让员工能晚些退休。

另一个重要的影响是，在未来20年，进入中国经济的新员工需要有良好的教育背景和技能。因为如果中国的经济持续增长，那么即使劳动力减少，但创造的新就业机会需要这些工人适应高生产率、高工资的工作。这也就引出了我们的第二个话题——如何解决中国劳动力长期面临的挑战，答案是增加人力资本和教育投入。

回到中国经济体制改革开始的1978年，当时中国是一个低收入国家，想要跳入中等收入国家的行列。其中一个步骤就是让几乎所有的孩子都接受九年义务教育，教他们基本的数学技能、语言技能和工作技能。这只是向前迈出的一大步，并不是说中国的劳动力大军提供的大量劳动力促进了制造业的繁荣，进而推动了中国在21世纪头20年的增长。但为了与高工资、高技能的创新型经济需要的技能或水平相匹配，中国需要做出另一个巨大飞跃。

中国政府当然意识到了这一问题，并朝着这个方向迈进。但这是一个很艰巨的任务，让我直接告诉你需要发生什么变化。想想受过12年教育的劳动力占比，这比中国的九年义务教育多了3年。如果你观察一下像美国、日本、德国这样的高收入国家，你会发现它们有85%~90%，甚至更多的劳动力都至少有12年的受教育经历。而在中国，这个比例大约是40%。[8]

---

[8]　参见《2020年中国人力资本指数报告》。

相比之下，如果你看看像菲律宾或马来西亚这样的国家，在这些国家中，受教育超过12年的劳动力比例超过50%。因此，中国需要大幅跃升。或者想一下上过大学的劳动力比例。根据2013年《人力资源蓝皮书》，在日本和美国等高收入国家，目前约有45%或50%的劳动力上过大学。而在中国，这一比例约为12%。相比之下，菲律宾这一比例为27%，而南非和墨西哥为15%左右。所以，中国还有很长一段路要走。

这一变化对农村的孩子尤其重要。原因之一是中国的大多数人还在农村。大约有36%的中国人是城市户口，其他64%的人是农村户口，而且农村地区的出生率更高。因此，中国未来的劳动力大多是农村户口的人。我看到的一个估计是25到64岁的城市户口中，有44%的人接受了12年及以上的教育。

但是对于农村户口的工人来说，只有11%的人接受过12年的教育。记住，我们要向着让80%~90%的劳动力受12年教育的目标前进，这需要花费数十年的时间，但我们别无他法。在高收入的国家中，没有哪一个国家是不具备高水平教育和人力资本的。这就涉及本节的第三点——通用人力资本和特定人力资本。

当经济学家谈到人力资本时，他们通常将其分为两类。其中一类被称为通用人力资本，指的是可以广泛应用于许多不同工作的劳动力。另一类是特定人力资本，也就是只能用于特定工作的劳动力。比如，很多工作会用到能够读写和进行简单数学运算的人，这是通用人力资本。但能在公寓里安装水管或者能当医生就属于特定的工作技能。

来自中国国家教育科学研究所的报告指出，回溯中国经济的历史，像20世纪50年代和60年代，劳动者经常要学习特定的工作技能，学徒向熟知工作的老员工学习。但从20世纪80年代开始，中国开始更多地强调通用技能，并且让每个人都能完成九年义务教育。现在看来这可能是正确的一步，因为中国经济确实需要通用人力资本，从农村转移到城市地区的人，或者离开国有企业到民营企业就业的人，又或者那些在不同行业之间跳槽的人确实都需要具备通用人力资本，以适应他们在中国经济中的流动。

然而，随着任何一个经济体开始使用越来越多的高技能劳动力时，技能往往会变得更加专业化。世界范围内一个普遍的模式是考虑如何让员工获得特定的证书或学位，以此向雇主表明他们拥有特定的技能。在一些高收入国家中，在这里我觉得值得一提的是瑞士和德国倡导的学徒计划，这个计划是许多16到19岁的学生会用3年或更长的时间里部分时间去上学，部分时间去工作。

现在人们对这种学徒计划存在偏见。人们担心这些计划只招收那些在学校表现不好的学生，所以雇主可能不太想要雇佣他们。但是在瑞士，举个例子，70%的学生会做学徒。学徒制不仅仅存在于制造业、建筑业以及那些使用工具和机器的工作中，也存在于医疗保健、金融等领域。

现在，要建立一个瑞士的学徒系统并不容易。我想强调的最重要的部分是，我们不仅需要建立与世界各经济体间的联系，而且中国的成年人和雇主都需要为这些年轻人提供特定的技能教育，这些年轻人需要一把"梯子"来把他们带到特定的工作中。我从中国年轻员工身上了解到的最普遍的担忧之一，就是他们觉得自己没有学到并掌握所需的特定技能。但中国未来的高薪工作就需要高技能的员工。

接下来，我将带你转向宏观经济学的另一部分，学习通货膨胀的知识。你在近期有没有觉得物价飞涨，钱不值钱呢？通货膨胀一般产生两大重要后果：一是货币购买力下降，二是财富重新分配。这两大后果对个人生活和经济的影响都非常直接。

你购物车里的商品决定通胀指标

我想你一定经常听人们在讨论经济时提到通货膨胀，中国在过去25年的时间里，通货膨胀率的增幅相当温和，通常是每年5%或更低。但与所有的经济体一样，中国也曾经历过严重的通货膨胀。例如，在20世纪80年代末和90年代初，中国就曾经历过高通胀率，年通货膨胀率在15%到20%之间。

据我所知，中国最严重的通货膨胀发生在20世纪40年代，特别是在40年代后期。通货膨胀会使货币贬值，钱不值钱，所以买同样的东西要花更多的钱才行。假如1941年你在上海买了一件东西，花了100元。之后通货膨胀逐渐变得非常严重，到4年后，也就是1945年12月，如果你要买同样的东西，你就要花费11000元。到1947年底，还是原来卖100元的同一个东西，需要花费超过100

万元才能买到。到1949年4月，这个东西的价格上升到了10万亿元。当通货膨胀达到如此高的水平时，通常被称为恶性通货膨胀，此时经济中的货币几乎失去了意义。

下面，我们将通过三个问题来认识通货膨胀。

第一个问题是通货膨胀对经济学家意味着什么。通货膨胀不是单一商品或服务的价格变化，也不是少数商品的价格变化。对经济学家来说，提及一种商品价格的变化并称之为通货膨胀是没有意义的。比如说，猪肉价格上涨，你不会说这是猪肉价格的通货膨胀，因为通货膨胀不是任何一种商品的价格，通货膨胀是所有商品价格的总体普遍上涨。当所有商品的价格普遍上涨时，一定数量货币的购买力就会降低。那么如何衡量所有商品的价格呢？

你需要选择所谓的"一篮子商品"。举个例子，你要选择一些代表一般人可能会买的东西，可能是租一套公寓，可能是一些食物，多少交通工具和多少衣服，诸如此类，然后计算出购买这一篮子货物的总成本。现在，在任何一个给定的月份中，一些商品的价格会上涨，而一些商品的价格会下降。

通货膨胀是你所购买的一整篮商品价格的总体变化，你需要逐月购买相同数量的商品。那么，你要怎么选择这个篮子里的商品呢？答案是你可以有不同的篮子，这取决于你想要精确测量的是什么。你可以用一篮子商品来代表任何群体。比如，你可以用老年人常用的商品填充你的篮子，或者你可以有一篮子商品来代表某一省份的居民。我要强调的是，如果你选择不同的商品篮子，通货膨胀率可能会比较接近，但不会相同，这就意味着通货膨胀过程不会以完全相同的方式影响所有的商品。

第二个问题是中国政府如何衡量消费者价格通胀。中国国家统计局每个月都会发布消费者价格指数，也就是CPI，CPI不仅可以衡量通货膨胀，还能反映货币购买力的变动和你实际工资的变动情况。这个数字是怎么来的？首先要做的是找出一篮子消费者购买的代表性商品。国家统计局会调查大约13万户家庭，看看他们到底买了什么。然后他们将居民购买的商品分成八个不同的类别，这八类中有一类是食物、酒精和烟草，还有一类是住宿费用，然后是服装、交通和通信、健康、家居耐用品和服务、教育和娱乐，最后是其他杂项。

现在，这八大类中的每一类都被细分出子类别。例如，在食品类别中，谷物、猪肉和蔬菜分属不同的类别。现在你有一篮子货物了，你把它分成了不同的类别。下一步就是让受过专业培训的价格采集员走出去，如实地收集价格数据。中国国家统计局挑选了几百种有代表性的商品。这些商品的消费量相当大，它们可以代表人们所购买的这些子类别商品的总体价格变化。

然后价格采集员去到全国500个不同的城市和县城中的大概5万多个调查点，调查商品的实际销售价格。当你逐月进行比较时，你需要非常精确的数据。所以，每个月你要检查的价格是针对完全相同的商品、完全相同的规格以及完全相同的购买时间。

举一个例子帮助你理解：你观察过蔬菜的价格吗？早上蔬菜很新鲜的时候，价格通常会更高，相比之下，到了一天快结束的时候，因为卖家迫不及待地想要回家，菜价就会降低。

所以当你在检查蔬菜的价格时，你需要确保每天都在同一时间去检查，这个工作量听起来相当大，事实也确实如此。实际上，有1万左右的政府工作人员，他们的工作就是四处检查物价。然后，政府利用在不同城市、不同地点购买的不同产品的价格样本，作为估算每个子类别价格变化的基础，于是你就可以看到消费者在每个类别上花了多少钱。

计算出每个月消费者购买一篮子商品的成本，进行同比或环比的比较，你就能看出来一篮子商品的价格变化。通过CPI的变化，你就能感受通货膨胀的变化趋势。和大多数国家一样，中国也采取了几种不同的通胀指标。CPI是根据消费者购买的一篮子代表性商品计算的，还有另一个用来衡量通胀的指数，它关注的是生产者会买的一篮子商品。工作原理都是一样的，只是消费者价格指数是拿消费者的一篮子商品计算的，而生产者价格指数是拿生产者的一篮子商品计算的。除了这一篮子商品是由生产者购买，你每个月都要检查这些价格，然后看它们如何变动。

举个例子，中国有一个生产价格指数（PPI）。PPI反映生产环节价格水平，而前面说的CPI反映的是消费环节的价格水平。PPI主要关注的是工业原材料的价格、其他工业产品的价格以及工人的工资，当然，这些都是企业的成本。PPI的主要目的是衡量企业购买的一篮子物品和劳务的总费用。生产过程中所面临的物价波动将反映至最终产品的价格上，因此观察PPI的变动情形将有助于预测未来物价的变化状况。除此之外，用于衡量通货膨胀的指标还有很多，调查过程也都比较复杂。

这也就引出了第三个问题：为什么通货膨胀很难被精准地衡量？

看了上面对通胀衡量方式的描述，你可能已经想到了，有些衡量方法不太完美。一个很大的问题是，消费者购买的一篮子商品实际上并不是固定不变的。所以随着时间的推移，你需要不断地更换调查的产品，并逐渐使它们跟上时代潮流。中国经济正在快速增长，并且日新月异。按照中国经济发展的速度，至少每隔5年，一篮子商品就要做一次全面的更新。例如，在2016年所做的更新中，消费者一篮子商品中食品所占的份额就有所下降，这是有道理的，因为随着收入的增加，人们在食品上的支出比例往往会减少。另一方面，交通、住房、通信的权重都增加了。所以，这个有代表性的篮子必须更新。

有一些东西确实是很难测算，比如住房成本。买房子是有代价的，但你得想一想每个月的房价是如何变化的：如果你借钱购买房子，就要还贷；如果你租房，那就有房租。现在，你需要把所有的东西合并成一个单一的估算值，来计算出普通人在给定的一个月中的住房费用。

现在，有一些公式可以做到这一点。但是，想要精确地计算出来非常不容易。除了这些测算问题，用于衡量通货膨胀的这几个价格指数还面临两个经典问题，其中一个是替代偏差。想象一下，咖啡是消费者一篮子商品中的一部分，如果咖啡的价格一直上涨，理性的消费者并不会继续购买咖啡，他们会用其他饮料来替代咖啡，比如茶、苏打水。因此，这一篮子商品发生了变化。那么是在咖啡价格上涨之前，还是之后，还是在上涨的过程中发生的变化？我们用来衡量通胀的这一篮子商品对咖啡的销售量有多大影响呢？这个问题很复杂。你必须考虑到这样一个事实：需求不断地向相对便宜的商品转移。确实有计算通胀的公式，但替代偏差增加了精确计算通货膨胀指数的复杂性。

价格指数计算的另一个主要问题被称为质量、新产品偏差。想象一下，你的一篮子商品中有手机这一项，但新一代先进的智能手机不断进入市场。现在，如果你只是调查手机的价格，而不考虑质量的提升和新产品正在进入市场的因素，你调查的就不是真的价格，看起来价格好像保持不变，但实际上你得到了更好的手机服务。这一点同样适用于你在电脑、娱乐、服装或交通方面享受到质量更高的体验时。

所以你必须考虑这个不断发展着的篮子中，会有新的以及更高质量的商品，会有当某件商品价格上涨时的替代商品。将所有的这些考虑进去后，你需要考虑调整通货膨胀的数据。现在，这些调整通常不会在短时间内产生很大的影响，比如一两年内。但5年、10年或更长的时间里，通胀率的小幅调整将累积起来，这个影响看起来就会大得多。

经济数据统计并不是像身高体重一样的简单物理测量，它们是基于专业方法调查、收集数据，将特定数据以特定的方式整合在一起的统计。因此，经济统计从来都不是完美的，在中国如此，在世界其他任何地方也同样如此，但数据不一定要完美才有用处。

如何跑赢通胀成为赢家

在通货膨胀中，你觉得自己会成为赢家还是失败者？假设在神奇的某一天，我暂且把那一天称为"神奇货币日"。早上醒来时，你收到银行的信息，说你的账户里的钱多了一倍。与此同时，你还收到了你老板发来的另一条信息，告诉你，他给你加薪了，加了一倍，这似乎是美好的一天。你打电话告诉父母，你发现你父母的钱也翻了一倍。你和邻居交谈后发现，他们也收到了同样的信息。所有人在银行里的钱都翻了一倍，薪水也翻了一倍。你很开心，你开始考虑所有你能买到的好东西，并决定马上就外出购物。直奔购物中心，扎进商场后，你惊呆了，因为所有人都在商店疯狂购物。

在店主眼里，这也是神奇的一天。店主一早醒来就发现他们要付给员工的工钱翻了一倍。店主看到大批顾客蜂拥而至，销售量激增。店主就会提高价格。事实上，发生这一切用不了多长时间。每个人都有两倍的钱，但所有东西的价格也都上涨了一倍。

当大家都意识到发生了什么时，兴奋随之消失，大家都回家去了。这个故事是为了引出接下来要讨论的话题——个人如何从通货膨胀中获益或遭到损失。我将分成3个方面和你展开讨论。首先，你自己是否跟得上通货膨胀的变化？其次，保护通货膨胀会导致更多的通货膨胀吗？再次，我会带你了解一些反通货膨胀的政策。

先来看第一点，你跟上通货膨胀的步伐了吗？"神奇货币日"的故事给了我们一个重要启示：如果通货膨胀完全均匀地分布在各个经济领域，也就是所有收入、价格、银行存款、贷款所有这一切以同等比例增长，那么通货膨胀中既没有赢家，也没有输家。

当然，在现实世界中，通货膨胀不是均匀分配的，而且不容易预知，所以通胀产生的影响是不均衡的。许多人发现他们很难跟上通货膨胀的变化。在大约30年前，我在墨西哥看到过很多墨西哥当地银行的广告。广告上说，银行愿意支付80%的利息。也许你觉得这听起来不错，但这利息是用墨西哥比索支付的，而不是美元。那时，墨西哥比索每年的通货膨胀率超过100%。

因此，这实际上并不是一笔好交易。值得高兴的是，目前中国没有这么极端的事情。但退一步来讲，让你的投资跟上通货膨胀的变化仍然是个问题。货币的回报率为零，所以随着时间的推移，它的价值会因通货膨胀而降低。或许你可以在银行开通类似理财账户的某些服务，这样可以获得一些回报。

在此之前，我们已经讨论过如何让你的钱获得更高的回报，但这需要权衡利弊。如果你投资股票或房地产，就会有额外的风险，而且无法保证最终的回报率。而且房地产流动性也相对较差，在你急用钱时比较难变现。根据美国和欧洲的经验，房地产通常能够随着时间的推移很好地跟上通货膨胀。

从通货膨胀中获益的最佳方法之一是以固定利率进行借贷。如果通货膨胀上升，贷款的实际价值就会降低，你支付的实际利率也会降低。但是在中国这很难做到，因为如果你贷款在中国买房，通常是以浮动利率借钱。如果通货膨胀上升，名义利率也会上升，你的实际利率变化并不大。在美国，你可以选择固定利率或浮动利率借款。如果你选择固定利率，你必须在一开始就支付更高的利率，但这样你就可以防止将来利率上升。我在美国的个人住房抵押贷款就选择的固定利率，如果通货膨胀真的上升一点，我会对我的选择感到很满意。

在中国，最大的借款人是一些大公司和各级政府。他们经常以固定利率借款，这意味着他们将从通货膨胀的增长中受益。相反，成为通货膨胀中输家的一种情况是，你以固定利率投资了货币，却没有跟上通货膨胀的脚步。假设你投资了政府债券或公司债券，这些债券会直接或通过银行财富管理系统向你支付固定利率。如果通货膨胀上升，则你的投资回报并没有你预期中的高。

要真正理解这个问题，不妨想象一下你未来的养老。要记住，在未来，即使是每年的通货膨胀都相当平稳缓慢，也会在30或40年的时间里累积到一个很高的程度。如果你每年的储蓄利率跟不上通货膨胀率，当你退休的时候你就会焦虑。你的存款回报不会有你所希望的那么高。

那么，工资增长与通货膨胀的关系是怎样的？显然，如果你的工资增长幅度跟不上通货膨胀率的增长，你手中钱的购买力就会降低。但问题是，大多数员工不能直接去找老板，要求老板以跟上通货膨胀的速度给自己加薪。因此，你所能做的就是对正在发生的事情保持清楚的认知。不管你是员工还是雇主，你要清楚认识到一点，那就是，工资的增长只是弥补了通货膨胀导致的生活成本上升，还是实际上超过了生活成本上升的数额。

你不想被通货膨胀欺骗，你想让名义上的工资增长等同于实际的工资增长。如果你是商品和服务的消费者或生产者，以过去的通货膨胀水平，就像过去几十年中国所经历的那样，短期内不会对你产生太大影响。但如果你处于通货膨胀率较高的情况下，请记住，尽量不要持有名义利率低于通货膨胀率的货币。试着让你的工资增长和通货膨胀保持一致，任何时候买东西，要尽可能地推迟支付，这样当你支付的时候，你用的就是实际价值更低的钱。

再来看第二个话题，防范通货膨胀会导致更高的通货膨胀吗？如果是，为什么？经济学家们有个术语叫作通胀指数。通胀指数指的是某件东西的价值会随通货膨胀率自动上升。如果你借钱购房，并且贷款的可调利率与通货膨胀率同步变化，你可以说贷款与通货膨胀挂钩。当企业间签订合同时，合同中的某些内容

与通货膨胀挂钩，这很常见。但是，合同中也可能会说，价格会
自动根据通货膨胀率进行调整。在美国的税收法中，个人所得税
税率取决于你的收入水平。但是决定你税率的收入水平，每年都
会根据通货膨胀自动进行调整。另一个例子是，美国有一个针对
老年人的国家养老金体系，叫作社会保障，根据通货膨胀的上
升，老年人的养老金每年都会自动调整。

那么我们怎么看待通胀指数呢？一方面，它有一个好处就是
你不必担心通货膨胀的变化会给你带来损失，因为你受到了通胀
指数的保护。因此，通货膨胀带来的任何损害或意外影响都将减
少，但也存在着一个担忧。

另一方面，通胀指数并不能覆盖所有人所有事。例如，对于
大多数员工来说，它并不能保证你的工资会涨到足以支付通货膨
胀带来的更高的生活成本。如果一个经济体中的几乎每个人都面
临着通货膨胀变化所带来的风险，那么将会有很大的政治压力用
来维持低通货膨胀。

你想象一下，如果大部分经济主体都能不受通货膨胀上升的
影响，或许一些重要的经济主体实际上会从高通货膨胀中受益，
比如那些以固定利率借款的企业和政府借款人。在这种情况下，
用来对付通货膨胀的政治压力可能不会那么大。结果就是，最终
会出现更高的通货膨胀率，这并不会对被通胀指数保护的人造成
损害，但对那些没有通胀指数保护的人来说，情况会更糟，因为
他们很容易受到通货膨胀的影响。

提到控制通货膨胀的压力，你就有必要大致了解一下反通货膨胀的政策，也就是我们要讨论的第三点。高通货膨胀可能有很多不同的起因，但是最终结果就是花大笔钱买少量的东西。试想一下，如果所有的商品和服务的需求都在不断增加，价格就会上涨，这就是"神奇货币日"的故事。

回顾过去某些时期，通常高程度的通货膨胀起始于政府的大量印钞。因此，抑制通货膨胀的手段应包括降低总体需求水平。所以，就没有那么多的美元或人民币来购买流通中的商品。政府怎么才能做到这一点呢？一些可能的政策包括使用税收和消费手段。比如提高税费或降低政府花费会降低经济的整体需求量。另一种政策手段是提高贷款利率或使用银行监管来抑制放贷，这将减少经济中的购买力。

但听了这些话之后，也许你就可以理解为什么几乎反通货膨胀都不是那么受欢迎。当一个经济体处于恶性通货膨胀时，显然有必要及时制止。但是放慢经济发展来对抗3%、5%或7%的通货膨胀，这值得吗？事实上，世界上大多数国家的共同目标似乎是通货膨胀率约为2%。美国和欧洲也在讨论这个目标是否应该再高一点，比如说3%或4%的通货膨胀率。

如果通货膨胀上升，你会采取什么措施来保护自己呢？在后文中，我们会详细讨论政府如何使用不同的政策手段来对抗通货膨胀。但在此之前，我们会先讨论一个大家都感兴趣话题——钱。顺便提一句，经济学家对金钱的看法可能与你预期的有点不同。

04
资本市场

牵动每个人钱袋子的货币政策

2011年，前欧洲银行行长德拉吉上任，他很喜欢讲一个关于央行员工的笑话。

有个男人需要做心脏移植手术，他去找他的医生。

医生说："我可以把一个5岁男童的心脏移植给你。"

那个男人说："太年轻了，我觉得可能对我不管用。"

医生就说："那一个45岁投行员工的心脏呢？"

男人说："他们没有心。"

医生又说："那75岁的央行员工的心脏呢？"

男人说："可以，就这个了。"

医生说："为什么啊？这心脏都75岁了。"

男人说："央行的员工是有心脏，但他们从来不用啊。"

对于中国人民银行（简称央行）以及其他国家的中央银行来说，重要的不是心脏，而是对经济的理解，对你所能使用的工具的理解。这里说的工具主要有三种。第一个是存款准备金率，第二个是公开市场操作，第三个是直接流动资金。

先来看存款准备金率。所谓存款准备就是银行为保证客户提取存款和资金清算需要而准备的缴存在中央银行的存款，而中央银行要求的存款准备金占其存款总额的比例就是存款准备金率。

每个银行都会被要求拿出一部分存款作为准备金。如果存款准备金率上涨，银行就要把更多的钱存放在央行。这样，他们可以用来贷款的钱就会变少，从而导致利率上升。如果存款准备金率下降，银行就可以有更多的钱用作贷款。因为贷款供给增多，利率会相应下降。调整存款准备金率可以算得上是人民银行过去几十年间最常用的一种货币政策工具。中国人民银行逐步将该比率从2006年的8.5%提升到2011年的21%。

调高存款准备金率意味着央行想要收紧银行信贷和经济发展中的借款量，以避免其增长过快。那么，为什么要这么做呢？前文讲过总需求的增速要和总供给的增速持平，两方均不可出现过快增长。自2011年以来，存款准备金率就开始回落。2018年4月份，大型银行的存款准备金率下降至16%，规模较小的银行则降至14%。

调低存款准备金率意味着央行要开始鼓励银行信贷并提高经济发展中的借款量。要谈存款准备金率和央行，就必须要谈以下这几个问题：银行按要求将准备金放入央行，这部分钱会有利息吗？有，但不多。2018年年初时，央行的准备金存款的利率为1.6%，但是同时期平均商业贷款的利率却高达5%。所以，中国各大银行在央行的准备金往往不会超过要求的额度。

还有一个问题是关于借款的。存款准备金率会对一些银行和银行借款产生影响，但有的时候除银行之外，人们也可以从金融机构或投资者手中借钱。也就是说，调高存款准备金率，只是会让银行少往外借钱，但这一定程度上会提升经济发展中的非银行借款。所以我们还需要考虑一下其他非银行借款的可能。

大多数央行会有存款准备金率的要求，这是央行的一个基本工具，但也有一部分国家的央行不将存款准备金率作为一项基本的货币政策工具来使用。自2015年起，中国人民银行便不再将存款准备金率作为一项基本的政策工具，而是转向公开市场操作。公开市场操作意为央行通过买卖债券的方式减少或增加市场上的借款量或信贷数额。

让我们来看一下这是如何运作的。首先，你要记住什么是债券。债券是大型机构获取大量借款的一种方式。公司或政府机构都可以发行债券。有时候你会听别人说到国库券。国库券的意思就是由一国政府发行的债券。大型机构发行债券时会承诺，过一段时间之后，他们会支付债券持有者一定的利率，并在到期后偿还本金。债券到期时，债券持有者会去银行存入这笔债券，这时银行可以把这些债券借给其他的借款人，也可以直接从持有者手里购买这些债券，收取债券发行者承诺的利息。

那么，我们想一下银行与央行之间会发生什么。如果银行的钱购买了债券，那么用来贷款的钱就少了，所以央行就会使用公开市场操作的方式，宣布从银行手里购买债券。这种情况下，央行买入债券，银行得到资金。这样一来，银行就有更多的钱用来借贷。相反，如果央行把债券卖给银行，银行就会持有债券，它们的钱就都流入了央行。因此，用来借贷的钱就会减少。世界上很多央行会更倾向于公开市场操作这种方式，因为你可以明确地知道需要买入或卖出多少债券，会清晰地知道这样的操作会对市场产生什么样的影响。

但是央行在公开市场操作方面也有所转变——不再关注买入或卖出的数量，也不关心存款准备金利率的高低，而是更加关注货币政策对市场整体利率高低的影响。2015年以前，中国的银行存贷款利率一直处于政府的严格控制之下，但自那以后，各大银行的存贷款利率可以主要由市场竞争决定。

公开市场操作会影响利率。这是为什么呢？在金融投资中，风险跟收益之间存在得失替换关系，如果某种投资风险很小，那么它的收益率注定会相对较低。如果风险很大，就需要高收益率对高风险进行补偿。利率也是一样的。如果向你借钱的机构十分安全可靠，那么你的钱就极有可能回本。比如一些政府机构向银行借钱，利率就会较低。但如果借钱的是一个年轻的高风险公司，那么这个公司一定要用高利率弥补他在风险上的缺陷。

市场上有一种最安全的借贷类型。那就是银行与银行之间的短期拆借，这类借贷的时间非常短，大概几天。央行的公开市场操作通常在这个银行间的短期拆借市场上实施。此时，它会盯住一个特定的安全利率。如果央行提高这个特定安全利率，那么市场上的其他借款利率肯定也会有相应上涨，如果这个利率下降，那么其他利率也会跟着下降。在金融市场上，这个银行间的特定短期利率是有特定名称的。美联储比较关注的一个特定短期利率就叫"联邦基金利率"。中国人民银行关注的短期极低风险利率叫作银行间市场七天回购移动平均利率（原称"基准利率参考指标"）。

你可能会想，通过这样的方式提高或降低利率，有时候可能不那么奏效，毕竟利率不像士兵那样听令行事。但是，当央行从银行购买债券时，银行往往就有更多的钱用来借贷，从而影响整个市场利率的下降。如果央行向银行出售债券，银行就会持有债券而非资金，如此一来，银行的借贷业务就会减少，借款量减少就会抬高利率。

在中国还有一种货币政策工具，那就是我们要讲的第三点：银行直接贷款和流动性。央行不再只关注市场整体利率，而是直接向银行放贷。央行想通过这样的做法让银行从央行借款，然后再向客户放贷。近年来，中国人民银行在做这件事的过程中用到了几样新工具。

比如有一种叫作"常备借贷便利"的工具，它主要面向中小金融机构提供贷款；还有"中期贷款便利"，主要是为大银行提供贷款；以及"抵押补充贷款"，主要是为特定的银行提供低成本贷款，有时也会专注于特定的行业。这些工具的基本思想十分明确，如果银行能够以较低的利率从央行借入大量资金，就可以将这部分资金借出。如果央行表示，它将不再以这种方式发放那么多贷款，或者它将收取更高的利率，那么银行在此基础上发放贷款的规模就会受到限制。

另外，这些不同的货币政策工具是互相补充的。例如，2018年，中国人民银行降低了存款准备金率，随后他们要求银行拿出现有的多余资金，用这些资金偿还"中期借贷便利"的借款。

世界上其他国家的央行在不同的经济状况下也会使用一些不同的货币政策工具，实施货币政策的方式也各有千秋，比如央行是否会提前宣布计划，未来要采取的措施是否纳入现在的规划，以及央行对不同条件下的计划预期作何解释。

但基本上，货币政策的概念是相当简单的。它只是利用了央行和银行系统之间的相互作用，调节银行发放贷款的意愿，以及市场上的借贷利率。

你有时会听到新闻报道说，世界上某个地方的央行提高或降低了利率，也许是美联储、欧洲央行或者中国人民银行。当你听到这些的时候，应该明白这事实上是不准确的。应该是央行调整了存款准备金率，或进行了某种公开市场操作，或者是向银行提供流动性，或者采取了一些其他措施导致了市场利率的上升或下降。

央行的权力与责任

2800年前，一位名叫荷马的古希腊作家写了一个著名的故事叫《奥德赛》。这个故事的主角游历各地，喜欢冒险。在一次旅程中，他驾着船经过一个小岛，岛上住在一群叫作塞壬（Siren，意为海妖）的生物。

故事中的塞壬是一群美貌的歌手。她们的歌声美妙极了，当船只驶过的时候，水手们一听到这美妙的歌声，就情不自禁地向歌声的方向驶去，然后他们的船就会撞到礁石，船触礁后，塞壬就会来攻击他们，然后吃掉他们。所以当奥德赛也驾船经过塞壬所在的小岛时，他做的第一件事就是把自己紧紧地绑在桅杆上，还让船员们塞住耳朵，以免被塞壬的歌声诱惑。

制定货币政策也面临着巨大的诱惑。那么问题来了，央行是否应该为自己设定一套规则，以免自己受到诱惑呢？接下来我们将围绕这个话题分3个部分进行讨论。第一，货币政策面临的巨大诱惑是什么？第二，货币政策规则适用于哪些情况？第三，货币政策的自由裁量权适用于哪些情况？

首先，货币政策面临的巨大诱惑。市场上总有很多个体有借款的需求，这些个体可能是公司，可能是政府，还可能是个人。他们都希望能以极低的利率借到大笔资金。想要借钱的一方唱着动听的歌，讲述他们会如何利用这些钱，承诺企业会越办越好，提供更多的工作机会，让经济会更加繁荣，有了这笔钱，他们可以帮助更多的人，并承诺只要他们拿到这笔大额低息贷款，每个人都可以过得更好。他们总是给央行唱这样的歌，那么当央行听到这种声音时，是否需要想办法把自己绑在桅杆上呢？

为了方便理解这个问题，你不妨想一下央行可以采取哪些措施为借款人提供借贷便利，也就是让银行有更多的钱用于放贷，让利率更低。央行可以降低存款准备金率，公开市场操作，向银行购买债券，这样一来，银行持有的资金就会变多，而债券则会减少。央行还可以直接向银行放贷，所有这些方法，我们现在称之为宽松的货币政策，或者扩张性的货币政策。

相应的，央行还可以提高存款准备金率，进行公开市场操作，向银行出售债券，这样一来，银行手中用于放贷的钱就会减少，也可以减少向银行提供的贷款或是向银行提供更高利率的贷款。这些措施被称为紧缩性货币政策。你可能会问，为什么要这样做，为什么要抑制贷款和信贷的增长，为什么不能为所有想要贷款的人提供低息贷款呢？这当然是有原因的。经济发展的目标是让总供给和总需求能够共同增长，总供给会随着生产率的增长而增长，宽松的扩张性货币政策会促进总需求增长。

而它会导致贷款大幅增加，随着这些贷款被存入银行，在货币乘数效应的作用下，这些存款又会催生出更多的贷款和更多的存款。如果总需求比总供给增长快得多，就会出现各种问题。市场上过多的资本追逐过少的商品，就有可能出现通货膨胀，资产价格就会出现泡沫。

所谓的泡沫，就是某些资产的价格，比如股票或房地产等金融资产的价格，会被推到一个过高的水平，这个价格是无法持续的。最终，这些泡沫就会破裂。还有可能出现这样的情况：银行大量借贷，最后发现这些巨额贷款风险过高。一旦发生意外，这些高风险贷款极有可能无法收回，那时银行就会破产。而且，大量贷款无法偿还极有可能引发金融危机。

所以说，每个人都能轻易拿到低息贷款是很危险的事。这可能会引起高通胀，房地产、股票等金融资产价格的飙升，并且极有可能在不久的将来就会崩盘。过多的高风险贷款还会导致银行危机或金融危机，你可以了解一下那些经济危机，大部分都是因为货币政策过于宽松和扩张，导致市场上充斥着过多的货币和信贷。

这就引出了第二点，货币政策规则适用的情况。央行可否选择一种规则并将自己绑在这个"桅杆"上呢？这样，当它面临货币政策压力的时候，比如说过于宽松，央行就可以说：抱歉，我们只按规则办事。

这些规则会是什么样的呢？先来看看目前已有的一些规则。一个是货币供应量的增长目标。如果经济每年增长6%，那么要确保货币供应量每年增长率也在6%左右，或者更快一点。

货币的一个定义叫作M1，该定义下的货币包括了现金，以及可立即使用的银行存款账户余额。但还有一个广义货币的定义是M2，M2包含了M1中的所有内容，以及其他所有存在银行账户中你不能马上花掉，或者不易花掉的货币。

例如，所谓的定期存款就是储户同意将钱存入银行几个月或几年，这样做你会得到更多的利息，但流动性较差。或者在某些理财账户或其他基金中，你可以很快地取得现金，通常是几天内，但不是马上就能得到。

经济学家使用M1和M2等指标衡量货币供应。以前，有的国家会公布M1或M2的指标，但现在大多数国家已经不再这么做了。事实上，中国人民银行已经于2018年停止发布M2的增速指标。这是因为在一个经济体中，M2受到很多因素的影响。过去十几年来，伴随着中国金融业务的快速发展，传统银行存款不断向货币基金、理财等其他形式分流，M2增速与更加广义的"货币"扩张速度间的差异日益显著。因此，也就没有理由认为M1或M2的增长是与实际经济增长速度相匹配的。此时，若还是设定M1或M2的增长目标，就不合理了。

另一个货币政策的规则是什么呢？过去几十年间，有一个非常流行的货币政策规则，叫作"通货膨胀目标制"。也就是说，货币政策的决策依据主要依靠定期对通货膨胀的预测，并使通货膨胀率保持在一定水平。通常，这个目标水平设定为2%。如果通胀率高于这个水平，央行就会采取紧缩性货币政策降低通胀，如果通胀率略低于这个水平，央行就会使用宽松的货币政策促使通胀小幅上升。目前看来，这种方法的优点在于，随着时间的推移，将通货膨胀率保持在一个较低且稳定的水平上会为经济的稳定快速增长提供良好基础。

然而，这条规则的问题在于，央行是按照法律或监管规定行事的，除了通胀之外可以忽略其他一切问题。因此，一些央行，比如美联储，都有所谓的"双重任务"。他们会同时关注低通胀和低失业率，而不是仅仅关注M2的值或通胀率。因此，当失业率居高不下时，美联储会尝试实施宽松的货币政策，推动利率下降，增加放贷，因此经济中的需求就会增多，企业也会雇佣更多工人。另一方面，若通胀高企，美联储将实施紧缩性货币政策，提高利率，降低贷款增速。所以，市场上就不会有过多的美元追逐商品。

当然，没有什么规则是完美的，我们生活在一个不完美的世界里。有时，人们对规则的争论是，即使它们并不完美，但至少比实际的替代方案要好。有时候，我们会说一个遵循规则的央行是独立的。央行的这种独立方式跟法官类似——法官不能随自己心意做判决，他们必须弄清楚法律在具体案件中是如何适用的。

你可能会说法官有自由裁量权[9]，那么货币政策有吗？这就是我们要谈的第三点。货币政策的自由裁量权适用于经济走势不

---

[9]　是国家赋予行政机关在法律法规规定的幅度和范围内所享的有一定选择余地的处置权力。

可预测的情况。经济中可能会出现一些问题，增长放缓或者经济衰退都有可能带来失业，有时还可能会伴随通货膨胀，甚至是通货紧缩、资产价格大幅上涨或是金融危机等。自由裁量权适用于政府需要为新出现的问题做决定的情况。我们不可能用一个规则解决所有的问题。当然，政府不遵守规则有时候也会犯错误，但毕竟生活就是不完美的。之所以有自由裁量权，是因为即使会有犯错的风险，我们还是应该去尝试不同的东西。国际上，关于央行是否应该遵守这些规则还尚无定论。

大概在20多年前，世界上的各国央行通常都是采用"通货膨胀目标制"，或者美联储奉行的"双重任务"。但当2008年金融危机袭来时，全球各国的央行都在试图找出应对金融危机的办法。你很难弄清楚究竟用什么规则来应对这种金融危机。世界上没有哪个高收入国家是由国家领导人决定货币政策的，因此大多数高收入国家的央行都有一定程度的独立性，可以遵循预先设定的规则和预期来做事。在这个意义上，央行还是像法官一样，具有一定的独立性。

如何在汇率变换中寻找机会

上文讨论了各国央行如何通过实施货币政策解决国内问题。然而，央行也会影响汇率，也就是一个国家的货币兑换另一个国家货币时的比率。那么，当汇率发生变化时，你会是输家还是赢家？

先来思考一个问题：当油价上涨时，你会获利还是受损？答案似乎很明显。当油价上涨时，作为消费者，直接开销会增长，花在给房子供暖上的钱更多，汽油价格也会上涨。与此同时，间接开销也会增长，因为用石油作为生产动力的商家的成本变高了。

生产投入的成本提高会给消费者带来负面影响，因为消费者要购买的其他商品的价格会随之提高。这个结论似乎是正确的，但这仅仅是站在消费者的角度思考的结果。要知道，在经济循环过程中，还有其他重要市场，比如劳动力市场和金融市场。设想一下：你是中国某家大型石油公司的一名员工，油价上涨意味着公司对劳动力的需求增多。如果你技术好，经验多，你可能会涨薪，或者至少在应聘相应岗位时成功的几率更大。

再设想一下，如果你投资了中石油或中石化的股票，油价上涨意味着这些公司盈利增多，股价也就随之上涨。回到一开始的问题上：当油价上涨时，你是获利还是受损？答案似乎变得复杂了，这要视情况而定，取决于你是石油的消费者、石油行业的工作者还是石油公司的投资者。如果你进行了认真思考，那么得出下面这个结论就不会让你意外：无论是商品还是服务，道理都是一样。卖方喜欢价格上涨，而买方则喜欢价格下降。市场供需平衡是在供给方和需求方力量的相互作用下达到的平衡状态。即使在这样的平衡状态下，刚才的结论依旧成立。

这个道理和汇率问题息息相关。我们先从最基本的问题开始谈起：什么是汇率？汇率是一种价格。它不是某种商品或服务的价格，而是购买另一种货币的价格。比如说，100元人民币可以兑换15美元或13欧元。你可以对照汇率清单将100元人民币换算成世界上的任何一种货币，比如它可以换成450阿根廷比索，或200南非兰特。尽管在生活中我们不太习惯将汇率和价格联系起来，但实际上汇率就是价格的一种。

对于大多数价格，我们可以用上涨或下跌来形容它。但对于汇率，我们一般使用另外一套术语。比方说，你有时会听到汇率"走高"或者"走低"。这是什么意思？"走高"的人民币意味着它可以购买更多的外币。比如100元人民币，原先只能买15美元，现在可以买20美元，那么人民币的购买力就相对"走高"了。同理，"走低"的人民币意味着它所能购买的外币数量减少。例如，原先100元人民币可以购买15美元，如果现在只能够买12美元，那么人民币就相对"走低"了。

另一组我们常听到用来描述汇率升降的术语是"升值"和"贬值"。"升值"和"走高"表达的意思是一样的，也就是某一货币可以购买更多其他货币。"贬值"则与"走低"的概念相对等，也就是某一货币能购买的其他货币的数量减少。需要记住的是：交易中如果某一方所持货币的汇率走高，那另一方对应的货币汇率必然会走低。这有助于你理解下面这一说法：如果固定数额的人民币可以购买更多美元，那么固定数额的美元就只能购买更少的人民币。

那么，汇率波动会使谁获益，谁受损？在这里，我们需要讨论几个不同的群体。不管我举哪个例子，要记住一条基本原则：提供货币的一方总是乐意看到该货币汇率走高，而货币的需求方则希望所需货币汇率走低。这条原则在每一个例子中都是成立的。

我们先来谈谈跨国旅游的游客。如果某个中国游客去其他国家旅游，比如去美国，他就需要将人民币兑换成美元。因此，该游客就是人民币的提供者，同时是美元需求者。他希望人民币能够走高，这样就能购买更多美元，旅行可供支配的钱数也就变多了。换句话说，他希望美元的汇率能够走低。

角色对调一下会如何？如果是一名外国游客从美国到中国旅游，那么他需要将美元兑换成人民币。这种情况下他希望美元能够走高，从而换来更多的人民币，这样他在中国享受到的假期质量更高。上面这个例子再次印证了汇率只是一种价格，你对汇率升降所持的态度取决于你在市场中所处的位置。

那么汇率波动会造就哪些输家，哪些赢家？我们站在中国出口商和进口商的角度上考虑：首先，我们设想一个对美国出口的中国公司。这个公司在国内的生产成本和其他开销是以人民币计价的，但它将商品销往美国后，所获利润就以美元计价。因此，作为出口公司，它希望人民币走低，这意味着生产成本会降低；同时美元能够走高，这样它赚取的利润价值量也就变得更大。我们可以再想象一下，如果这个公司把赚取的美元兑换成人民币，然后用来支付工人工资、投资者分红以及供应商成本，那么在美元走高时会发生什么样的情形？这种情况下，公司就能兑换到更多用来支付成本的人民币。

所以说，出口国外的中国公司希望人民币走低而美元走高，因为他们赚取的是外币，外币走高则意味着他们所获利润的价值量更大；从国外进口的中国公司则希望人民币走高而美元走低，因为他们赚取的是本币，本币的价值量越大越好。人民币走高会起到抑制出口、促进进口的作用；反之，人民币走低会起到抑制进口、促进出口的作用。

我们再把目光转向国际投资者。设想有中国投资者在其他国家，比如美国，进行金融投资。他们的投资方式多种多样，比如购买美国公司的股票或债券，收购美国公司，也可能是购买美国的房地产。无论哪种情况，他们在投资中获得的一切利润都将以美元计价。因此，这些投资者们希望美元走高，这样他们赚取的美元将获得更大的价值量。

反过来，设想那些在中国寻找发财机会的外国投资者们，比如美国投资者。他们的收益将以人民币计价。从他们的角度出发，则希望人民币走高而美元走低。这里同样会产生一个范式：在人民币走高而外币走低的情况下，中国的海外投资者们将蒙受损失，因为他们赚取的外币的价值量会变小。所以，本币对外币升值可以阻止国际资本的外流，促进其他投资者们在中国进行投资，以获得较高收益。而当人民币对外币贬值时，中国投资者们则会把资金投入外国市场，因为此时他们赚取的外币相对价值量更大。因此，人民币走低会造成国际金融资本外流，抑制对华投资。

如果你向大多数非经济学专业人士提问，本国货币是走高好还是走低好？他们的答案应该很明显——当然是走高好，毕竟"高"在我们心中总是更具优势的一方。然而，这种直觉并不可靠。本币走高仅仅意味着它可以购买更多外币；而相应地，本币走低仅仅意味着它可以购买的外币数量减少。想要判断某种货币是走高好还是走低好，你需要考虑与之相关的所有因素。

有些国家会被降低汇率带来的"利益"所诱惑，因为本币汇率下降会促进出口的繁荣，促使出口商将商品销往国外。但毋庸置疑，降低汇率的同时也会造成进口商的利润价值下降，使本国依赖进口的产业遭受损失。但遗憾的是，许多国家并没有注意到这一点。2008的金融危机过后，有这样一种建议不绝于耳：国家应该尝试降低本币汇率，从而起到促进出口，帮助经济恢复的目的。

最后，希望大家记住一点，让所有国家的汇率都保持在较低水平是不可能的。当某种货币走低时，其他货币相对于该种货币一定会走高。

决定汇率的因素有哪些

美国的经济学教授肯尼斯·卡萨曾写下一句话：如果你随机

选择一组经济学家，让他们谈谈人类面临的三大难题，他们的答案很可能是这样的：第一，生命的意义是什么？第二，量子力学和广义相对论之间存在什么关系？第三，外汇市场上究竟发生了什么？

我们已经知道了外汇是价格的一种，那么，这种特殊的价格是由哪些因素决定的呢？我将把这个问题拆分为3个部分：第一，外汇市场中的交易实际是如何运行的；第二，有哪些因素会决定汇率的长期走势；第三，从短期看，有哪些因素会造成汇率的波动？

先看第一点，外汇市场是通过各种金融中介机构运作的。举个例子，如果我来到中国旅游，希望兑换一些人民币，我完全没必要去寻找一个想去美国旅游的中国人，来和我进行私下的货币交易。我只需前往银行，让银行作为金融中介为我兑换人民币就可以了。

在外汇市场上，实际上有不止一层金融中介机构。

全世界大约分布有两千多家外汇经销商，它们大多是大型银行，当然也有保险公司和其他金融公司，后两者的规模相对较小。世界排名前36的外汇经销商几乎囊括了世界上超过一半的外汇交易。外汇交易并没有具体的中心，但是经销商之间都保持着密切联系，当然，小公司更是时刻关注大经销商的动向。从全球范围看，外汇市场的体量是极其庞大的。外汇市场目前每日交易额超过了5万亿美元，也就是约33万亿人民币。我之所以在提到外汇市场中的数值时以美元作为单位，只是基于这样一个事实：美元至今仍是世界外汇市场中使用最频繁的单位。

举个例子。如果你要去南非旅游，需要将人民币兑换成南非货币兰特，外汇经销商会如何操作呢？首先人民币会被兑换成美元，接着美元再被兑换成南非兰特。在外汇市场中进行跨国交易时，美元基本上被作为基准货币使用。

另一点值得关注的是，外汇的每日交易额已经超过5万亿美元。这是一个令人难以置信的庞大数字。可以通过几个数据对比感受一下：全世界所有国家的GDP总和约为每年8万亿美元，请注意，是每年，而不是每日。全世界出口总额大约是每年22万亿美元。

那么，外汇市场为什么每天的交易额能达到5万多亿美元这么多呢？原因是绝大部分所谓参与"交易"的货币实际上并未发生变化，因为买卖商品和服务的需要实际上是出口与进口，而占据外汇市场绝大部分的交易是国际金融投资。

你可能会关心：如果你想在美国、欧洲，或者巴西、俄罗斯、中国进行投资，怎样才能提高你的收益率呢？如果你认为一种货币在未来会走高，那么你现在一定会购进这种货币进行金融投资；而当你认为某种货币在未来会走低，你就一定会尽快将手中持有的该种货币抛售掉。所以，外汇市场不外乎这些情况：进行跨国商品买卖，投资或撤资，寻求更高收益，以及防范由于未来汇率波动可能带来的资金风险。这些交易组成了外汇市场的绝大部分，外汇市场及其每日的交易大部分是由金融市场的交易所驱动的。

第二个问题是，有哪些因素会决定汇率的长期走势？

这里我给大家引入一个新的理论：购买力平价理论，简称PPP，这是一种研究和比较各国不同货币之间购买力关系的理论。购买力平价是一种特殊的汇率，它能使商品在各国的交易价格趋于一致。想象现在有一大批跨国出售的货物，你可以通过在不同国家购进和售出来获利。如果你在售价较低的国家购进了这批货物，而去售价较高的国家卖出，你就能赚取差价。当然，你能想到这一点，其他人也能想到。因此，人们都会在售价较低的国家不断地购进该商品，然后去售价较高的国家卖出，造成该商品的供需发生变化，最终导致汇率向购买力平价的水平不断靠拢。

在国际间流通的商品，比如原油，它的售价在各国基本相同。购买力平价理论同时也告诉我们，两国货币的汇率水平会根据两国通胀率的差异进行相应地调整。因为购买力平价的含义就是"一国货币的价值是由单位货币在国内所能买到的商品和劳务的量决定的"，也就是说货币的价值由货币的购买力所决定。在国际商品贸易中，如果某国比其他国家的通货膨胀率高出5%，那你就可以推断出，该国货币汇率将会走低或贬值5%，以此来弥补多出的这部分通货膨胀，以保持两国购买力平价水平相同。

购买力平价的数值是怎样计算得出的呢？世界银行有一群经济研究专家，是"国际比较项目（ICP）"的统计人员，该统计活动旨在对各国可交易的国际商品的价格和质量进行详细的研究，从而计算出各国的购买力平价汇率。从他们的统计结果看，长期而言汇率确实存在向购买力平价汇率靠拢的基本趋势。但在中短期，汇率可能存在极大的波动。

所以让我们进入第三个问题：有哪些因素会导致汇率在短期内发生波动？

汇率市场主要受金融投资者的影响，商品和服务的买卖并不会使它产生多大变化。举一些短期汇率波动的例子。在2005年6月，100元人民币可以购买12美元，3年后，也就是在2008年6月，100元人民币可以购买15美元。3年时间里，人民币升值了大约25%。又比如在2015年6月，100元人民币可以购买16美元多一点，到了2016年12月，100元人民币只能购买14美元50美分。所以在18个月里，人民币贬值了大约10%。

这样看来，人民币汇率的波动幅度非常大，但比起其他货币，还不算特别剧烈。对于某些货币来说，一周内产生数个百分点的波动幅度并不罕见，在一年或两年内甚至会有30%甚至更多的起伏。为什么汇率会产生如此大的波动？

从中短期看来，对金融收益率的预判会导致汇率的波动。切记，当你进行国际金融投资时，你需要将未来汇率的变化纳入考虑范围。如果你在巴西发现了一个投资机会，可能会带给你20%的预期收益，但是这笔收益是以巴西的货币——雷亚尔计算的。如果你考虑汇率的波动，认为巴西货币会贬值25%，那么即使你真的获得了20%的收益，这场投资也会遭受损失。反之，如果你认为巴西的货币即将升值20%，那么在巴西的投资看起来就很棒。

在投资市场中，有一类追随价格走势进行交易的人，被称为趋势交易者。在外汇市场中，这一类追随汇率走势的投资者同样很多。如果投资者认为汇率市场上的某国货币即将走高，他们就会买入该国货币。由于他们纷纷持有该货币，这种强烈需求会进一步导致该种货币的汇率走高，而这也验证了他们此前的推断。这批人的成功会吸引更多人买入该国货币，从而形成一个不断验证自身期望的循环。但这种循环不会永远持续下去，到达某个节点后，该货币的汇率会回落到其购买力平价的水平。

所以从长期来看，汇率存在着向购买力平价汇率不断靠拢的趋势，也就是逐渐接近该国货币的实际购买力。但从中短期来看，汇率可能会出现极大的波动。甚至在一段时间内，汇率会朝购买力平价汇率的相反方向大幅运动。

综上所述，我们可以得出一个很有实用性的结论，当比较各国经济状况时，你常会发现有两种不同的汇率计算方式。比如，当我需要将中国GDP与其他经济体，比如美国、日本或德国的GDP加以比较时，应该采取哪种汇率计算方式？是购买力平价汇率还是市场汇率？请记住，它们是不一样的。购买力平价汇率具有一段时间内较为稳定的优势，其计算结果可能与市场汇率极为不同。尽管它与市场汇率一样是基于一群经济专家精心研究的结果，但购买力平价汇率显然不是一个非常完善的计算方法。

如果采用市场汇率计算呢？设想你使用2015年的市场汇率来比较同年中美两国的GDP，接着你再用2016年的市场汇率以同样的方式对两国GDP进行比较。你会发现在仅一年的时间内，中美两国的GDP看起来就发生了巨大变化。前文提到，人民币对美元之间的兑换比率在2015年到2016年上涨了近10%。因此从表面看来，中美两国的GDP都发生了很大的变化，但实际上这些变化是由于汇率波动所致，而不是因为两国实体经济中的任何要素发生了变化。所以在有些时候使用购买力平价汇率进行计算更合理，而在另一些时候使用市场汇率更合理，你只需要留意其中的差别即可。

从人民币和美元看懂汇率难题

一位名叫奥斯卡·王尔德的英国剧作家写了一部剧本，名字直译过来是《认真的重要性》（*The Importance of Being Earnest*）。剧本讲的是几位年轻女士都想嫁给一个名叫埃那斯特的男人，所以各种各样的男人都假装他们是埃那斯特。在英语中，"埃那斯特（earnest）"一词也有"认真"的意思，所以大家都管这部剧叫《埃那斯特的重要性》。

剧中有一位叫塞西莉的年轻女士，她的老师告诉她："塞西莉，我回来以前你先自己看经济学，但讲黄金与印度卢比汇率的那一章太刺激了，可以跳过去。"如果你看过那出戏，当说这句话时，所有的经济学家都笑得很夸张，而其他人则只是微笑而已。毕竟，大多数人都认为汇率很复杂枯燥，但其实汇率变动真的太刺激了。

接下来，我将通过人民币和美元带你看懂汇率难题。在过去大概25年里的演变过程，这是一部三幕剧：第一幕，双重汇率制度在1994年合并为一个；第二幕，人民币兑美元的汇率是1994年至2005年左右固定的；第三幕，人民币兑美元汇率的政策在2005年左右从固定汇率向浮动汇率转变。当我和你讲述这个三幕剧的时候你要记住一个事实：每一种汇率政策都各有利弊。所以，这是一个关于什么样的政策在某个特定时间起到最关键性作用的问题。

第一幕统一汇率的上演时间开始于1994年，那时中国经济已经增长得很快了。自改革开放以来，对外贸易也在不断增长。为了进行对外贸易，政府需要兑换货币，也就建立了官方汇率。但与此同时，中国政府还建立了货币互换中心，这里的汇率由市场力量决定。所以当时的中国有两套汇率。官方汇率设定为大约5元人民币兑换1美元，而市场汇率大概是8元人民币兑换1美元。低收入国家设定的官方汇率与市场汇率不同的情况并不罕见，但通常效果不佳。

在此背景下，你不妨考虑一下这个计划：假设你现在有1美元，然后按市场汇率交易，你得到8元人民币。你可以拿 5元人民币，以官方汇率兑换到1美元。现在你就又有了1美元，除此之外，你还剩余3元人民币。你可以反复这样操作吗？显然，从长远来看，这是行不通的。

特别是，投资者一直在试图用人民币按官方汇率来购买美元，而在某个时候，美元就会被买光。这种官方汇率的运作，导致很难以官方汇率进行任何交易。因此，在1994年，随着中国对外贸易规模的不断扩大，政府做出了非常明智的决定——让官方汇率与市场上确定的汇率保持一致。

从1994年开始，也就进入到了第二个时期。人民币官方汇率与市场汇率正式并轨，中国开始实行以市场供求为基础的、单一的、有管理的浮动汇率制。从1994年到2005年间，中国让人民币汇率走软了。前面我们已经讨论过，汇率是波动的，短期内可以变动很大。当然，中国政府也知道这是一个真正的风险点。

中国政府担心汇率的巨大变动可能导致中国经济的不稳定和剧烈波动。因此，在这种情况下，中国政府做出了长期保持人民币兑美元汇率稳定的政策选择。从1994年到2005年，人民币和美元之间的汇率上下浮动很小，确实相当稳定。大部分时间是8元人民币兑1美元。

中国人民银行是如何保持汇率稳定的呢？一个主要的机制是直接干预外汇市场。中国人民银行愿意出售人民币，并根据需要购买美元资产。这一做法让中国不断积累起越来越多的美元资产，到2006年大约有1万亿美元的资产，2009年有2万亿，2011年3万亿，2014年4万亿。从那以后，这一数字开始回落，现在中国人民银行大概持有3万亿美元的美元资产。

如果中国人民银行没有卖出和供应更多的人民币，汇率会发生什么变化呢？正如我们所说的，大量的额外供应往往会使价格降低。因此，长期出售大量人民币和持有美元，中国实际上是把人民币保持在比以前低的水平。

任何关于汇率的政策都有利有弊，有些确实对中国有帮助。1997年和1998年，泰国、韩国、印度尼西亚都发生了东南亚金融危机，危机期间由于大量外国投资流出，汇率骤降。但在中国，汇率几乎是固定不变的。它几乎没有轻微浮动，这有助于中国经济更加稳定的发展，丝毫不受其他国家汇率和经济问题的影响。

我们还谈到了2001年中国加入WTO后，中国的出口得到了巨大的提升。汇率的稳定是其中一部分原因，这很大程度上帮助中国发展了国际贸易，包括出口、进口和国际金融资本的流通等方面，因为稳定的汇率意味着每个人担心的风险更小。

但在2004年和2005年前后，固定汇率政策其他一些不好的方面开始令人担忧。中国出口大幅增长后，有人对中国不断增长的贸易提出了一些温和的抱怨，但实际上并非所有人都有抱怨。2001年后的几年里，中国出口大幅增长，以至于西方国家的经济学家有时称之为"对世界经济的冲击"。到2004年底，中国政府宣布将转向一个更灵活的汇率制度。2005年的中国经济比1994年的要强大得多。中国在处理国际贸易和国际资本流动方面有了更多经验，而且能够更好地应对汇率的适度波动。

这就进入了第三幕：人民币实行有管理的浮动汇率制度。有管理的浮动汇率制度，这一说法听起来有点矛盾。毕竟，浮动汇率制度是由外汇市场上的供给和需求决定的。有管理的汇率制度是由政府干预决定的。怎么把二者联系在一起呢？实际上，这是完全可能的。

在这种特殊情况下，中国人民银行可以选择一个汇率区间，比如说汇率每天只会上升或下降2%。汇率可以在这个区间内来回浮动，一旦超过了这个范围，监管机构就会介入。中国央行可能会买入或卖出货币，或使用其他工具，以确保汇率不会跳出这个区间。

这有个小窍门。汇率波动的范围本身可以随着时间的推移而变化，因此随着时间的推移，汇率会随着时间慢慢上升，或者慢慢下降。这种有管理的浮动汇率制度，不是阻止汇率变动，不是冻结汇率变动，也不是试图固定汇率。这个想法是为了缓和调整的过程。因此，那些通过进出口进行跨境金融投资的人都有机会为此做出反应。

从2005年到2008年，人民币兑美元升值。在2005年，大约100元人民币兑换12美元左右。到2008年，100元人民币可以兑换14.7美元。这100元比以前兑换了更多美元，人民币升值了。这并不是什么意外，正如我们所说的，因为之前在人民币汇率市场上，通过增加人民币购买美国美元的干预措施，保持人民币兑美元汇率低于原本的水平。在2008年到2009年的金融危机时期，中国人民银行干预了一段时间，以确保人民币汇率在危机发生时期不会发生很大变化。

但从那以后，中国的汇率以不同的方式上下波动。在2014年的时候，人民币升值了两次，人民币兑美元汇率超过了16美元。2016年，曾有100元人民币兑换15美元的时候。那么，目前人民币兑美元汇率是多少呢？如果你看政策的管理部分和浮动部分，总的方向是中国人民银行少做管理，允许更多的浮动。这是有道理的，因为中国经济体量已经变得更大和更复杂，一年又一年不断地积累数万亿美元的美国金融资产，试图维持人民币兑美元汇率的稳定，这当然是没有道理的。

国际货币基金组织（IMF）的经济学家们，每年都会查看一次世界各地的不同货币价值。2017年的报告说，中国的人民币汇率只取决于形成货币价值的基础经济因素。当然，你总能找到一两个不同意此观点的经济学家，但这似乎是2018年经济学家的一个共识，也就是：人民币汇率与基本面大致相符。

现在，关于外汇市场价格的故事从未真正结束。如果我们谈论的是石油价格、计算机价格或是非熟练技术工人和熟练技术工人的价格，我们将不断增加新篇章。没有什么问题是永久存在的，也没有什么解决办法是永久有效的。

怎么看房地产的短期收益和长期风险

在过去15年或20年的时间里，中国城市的房价上涨很快。有一项研究表明，2003到2013年，中国大城市的房价平均每年增长13%。中小城市的房价增长速度稍慢一些。

也许你觉得13%这一数字并不夸张，那我给你换个计算方式：如果房价连续15年每年增长10%，总增长将超过400%。也就是说，房价是15年前的4倍。接下来，我们将研究房价怎样上涨和下跌，房价与金融和银行体系是怎样互动的，又如何引发2008年的全球经济衰退，以及中国是否应该担心自己的房地产市场。

你认为房价上涨的原因是什么呢？这里要用到前文的知识点——价格的变化是由需求和供给的变化引起的。要想知道房价上涨的原因，就有必要全面考虑住房市场中的需求和供给。

首先，我将带你分析中国房地产市场的需求。哪些因素会导致住房需求上升？

其中一个因素是收入水平上升。在过去几十年中，中国城市居民的收入每年增长9%左右，这对房价有助推作用。此外，预期也助推了房价上涨。当你买房子的时候，房价是现在设定的。但是，大家预期到收入在未来将继续上涨，如果你的收入在未来5年或10年持续上涨，那么即使你现在觉得房价很高，从长远来看，这个高房价也是可以接受的。

第二个因素是城市化进程。在中国，大部分人都希望能居住在城市里，尤其是住在一些大城市里。很多公司都想将办公地点设立在城市，城市似乎是充满发展和机遇的地方。快速的城市化，使中国农村的大量人口移居到城市，这增加了对住房的需求，推高了房价。

所以，第三个原因是农村人口的大量涌入增加了买房的需求，推高了房价。这就涉及到家庭，因为许多房子都是由中年家庭购买的，买房子的原因往往是为了孩子，比如给孩子买婚房。而且，这些中年家庭基本上都是经历过几十年经济快速增长的那代人，他们对未来的经济的继续增长非常有信心。

第四个原因是在中国似乎缺乏可供选择的投资方式。想一想，如果你要存钱，把钱放在哪里才能得到好的回报率？银行储蓄风险低，但是收益也低。通过财富管理账户投资股票债券回报通常不是很大。在过去15年里，中国股票市场的回报率并不高，2008年和2015年都有一次大的回落。

因此，一般的中国家庭并没有很多更好的投资方式。在经济高速增长和城市化快速推进的过程中，房地产对很多人来说可能是最好的选择。住房可以实现两个经济目的：你可以生活在你买的房子里，如果将来你不想住，还有可能以更高的价格卖出。如果你投资了股票，你就只能看着，你不能住在股票里面。而且如果你投资的公司经营不好，每个人都会抛售这家公司的股票。

但如果投资的是住房，每个人都想出售房子的可能性会很小。如果你的房子是用来住的，你就不太可能出售。以上是影响房价的需求方因素，这些因素会在多大程度上推高房价呢？以收入因素为例，经济学家研究房地产市场，常常会看房价与收入的比值。也就是说，如果房价与收入的比值很高，就可以确定住房价格不太可能继续升高。2015年的一项研究发现，中国主要城市的房价与收入之比已经达到了10左右，在中小城市里，房价收入比要低一些，大约为6左右。这是一个很高的比率，但是如果看看世界各地的城市，它并不是非常高。因此，如果考虑到中国的收入增长模式，目前还没有什么明显的理由去对中国房价上涨感到恐慌。

现在，让我们换一个角度谈谈住房的供给。随着住房需求的增加，住房供给也出现了不同寻常的增长。早在20世纪90年代末，中国政府就表示，希望住房和建筑成为中国经济增长的重心之一。一项中国国家统计局的数据表明，2003年到2014年，中国的新建住宅面积大约有93亿平方米。

2014年之后，建筑面积的增加更是惊人，中国平均每年新建550万套公寓。那么，为什么会发生这种情况呢？在这段时间里，有很多人支持增加住房供给。首先，地方政府出于对经济增长的考虑，为开发商提供土地建造新的住宅，使之成为新的经济增长点。其次，地方政府还能从给开发商出让土地的过程中获得一定的收益，也就是土地出让金。但在过去几年中，中国的新住房供给似乎并没有快速增长。住宅开发用地的供给量下降了好几年，特别是在大城市和中等城市，这是一个政策选择。

关于新建筑也制定了很多规则。比如说，所谓的容积率，是指某一地块上的总建筑面积与用地面积之比的比率。北京和上海新住宅小区建筑的平均容积率为2左右，但在世界各地的其他密集城市中，如香港，容积率大约为10。这基本上意味着在给定的土地面积上，将建造越来越高的建筑物。如果采用更高的容积率，即使在北京和上海这样的城市，也可以快速扩大住房供给。地方政府有很多限制住房供给的不同方式。它们可以限制开发商的资金，也可以限制土地的用途和属性。它们还可以尝试限制非居民，比如公司的所有权。政府还可以要求人们在一段时间内保有住房，而不是立即出售。中国许多城市都在努力限制住房购买，以压低房价。但是，当你试图通过所有这些方式限制市场力量时，就会出现问题。需求和供给都有问题的情况下，如果你限制购买，或是试图抑制供给，那就会推动价格上涨。

这也就引出了一个问题：中国未来房价的增长路径会继续吗？如果中国的大城市和中等城市采取措施真正限制未来住房供给的增长，同时，我们假设中国的经济持续增长，平均收入持续增长——尽管可能不是像过去那么快——房价会怎么样呢？根据前面学到的知识，我们可以推断供给不足会使价格居高不下。在需求增长的情况下供给不足，房价就会继续增长。

如果中国大城市决定不限制住房，而是让住房供给迅速增长，在土地上建造更高的建筑物，或者也在交通便利的郊区建造更多住房，那么我们可以预测，房价将会下降。相关研究报告认为，尽管中国的房价不会大幅下降，但未来5年、10年，甚至20年内，城市的房价会下降一小部分。

北京和其他一些城市也在鼓励租房。因此，除了选择买房子外，你也可以选择租房。当然，从经济学的角度考虑，租房与买房有很大的不同：租房虽然使你住有所居，但是你不拥有房子的所有权，所以不能随着时间的推移从中获得投资收益。在美国和欧洲的许多城市，租房很常见。毕竟对有些人而言，在某些时候租房非常合适。

当房地产价格变得很高时，拥有房地产的人喜欢高房价，他们更喜欢限制新的供给。当然，那些收入较低的人很难买得起住房，他们希望看到更低的房价。这也是人之常情，那些拥有东西的人总是希望看到价格更高，而那些愿意购买它的人更愿意看到价格更低。

房地产与经济危机的关系

20世纪70年代末，当我还在大学刚开始接触经济学时，就学到一个众所周知的、全球经济史的重要时刻：20世纪30年代的大萧条。在短短几年时间内，美国经济规模就缩小了20%以上，失业率升到了25%，人们成群结队排队等候的画面经常上演，他们也许是希望得到一份工作，也许是为了获得一些食物。

美国股市的价值在几年内下跌了80%。我的父母，很不幸地就出生在20世纪30年代后期，所以我的家人对大萧条印象很深。不仅在美国，而且在许多欧洲国家，很多年纪大一些的人都会记得那段历史。当然，发生在20世纪初的大萧条离现在已经有些遥远了，没有经历过大萧条的人，可能很难记住它。

但你也许经历过在2008年的经济危机。这一次并不像大萧条那么糟糕，部分原因是由于研究过大萧条的经济学家已经想出了改善经济的方法。但是，在2008年9月前后的一段时间里，我非常担心美国经济，甚至世界大部分地区都有可能陷入一场深入而持久的萧条。导致经济危机的主要原因之一就可以追溯到房地产价格的上涨。

我告诉你这个故事，是因为这是我们这个时代伟大而可怕的宏观经济学故事，它影响着全世界许多经济学家对宏观经济学的思考。如果你想多了解经济学，就必须了解一些关于经济危机的知识。

这一话题也有助于了解房地产市场和金融市场之间的联系，还有助于理解本书中涉及的其他话题。中国也经历过房价快速上涨的时期。我们将在后文中直接讨论中国的房地产经历，以及它与美国经历的相似之处和不同之处。

下面我们就来看看，美国房地产价格的上涨是如何导致经济危机，导致美国乃至世界经济衰退的。

首先来看，美国房地产市场疯涨的购买力来自哪里？2001年初，美国经济出现了温和的衰退，持续了几个月的时间。美国的央行，也就是美联储对此的回应是，美联储将使用扩张或宽松的货币政策来降低贷款利率。

所以这是一个贷款的好时机，很多家庭和公司都在想办法贷款。这也是一个被称为储蓄过剩的时代，全球储蓄大幅增加。以中国为例，中国想保持人民币兑美元汇率不变，其中一种方式是出售人民币并买入美元，然后再投资以美元交易的金融资产。中国人民银行购买了数万亿美元的美国金融资产，亚洲和欧洲的其他国家也是这样做的。因此，大量的额外储蓄涌入美国经济。

一方面，极低的利率降低了购房者的付息成本。另一方面，美国历任政府都将"居者有其屋"作为一种执政理念，拥有住房的梦想也深深融入了美国文化，从而创造了更旺盛的住房需求。

此外，买房子是家庭为未来积累资产的一种方式。在美国，有一个叫作联邦住房管理局的单位，它其中一项任务就是帮助第一次购买房子的人，为首次购房者偿还贷款做担保。所以第一次购买房子的人可以获得更低的贷款利率。联邦住房管理局曾要求首次购房者支付房价的20%作为首付，但随着时间的推移，这一比例逐渐降低，到2004年，首次购房者只需要支付3%的首付。

现在，随着全球储蓄向美国的流入，越来越多的贷款将被发放。拥有自己住房的美国人增加了。在20世纪80年代和90年代，64%到65%的美国人拥有自己住房。之后，这一水平开始悄悄地上升，到2004年底，有69%的美国人拥有自己的住房。在短短几年内，这是一个相当大的转变。在此期间，房价迅速上涨。

美国房价在2002年上涨了11%，2003年又上涨了11%，2004年上涨了15%，2005年又上升了15%。虽然不像中国房价上涨持续那么久，但在短时间内，这也算是一个很大的涨幅。

接下来，我们看看抵押贷款证券化和影子银行的作用。当我们谈到住房贷款时，有时也被称为抵押贷款。银行作为金融中介机构，会考虑你是不是一个好的贷款人，能不能从银行获得贷款并按时偿还给银行。

但整个金融业并不是这么简单。长期以来，美国经济的一个普遍模式是抵押贷款变成了更大的金融证券。逻辑看起来是这样的：贷款的银行把贷款卖给了其他金融公司，这些公司再将大量的住房抵押贷款组合成一个价值数百万美元的大型金融证券。然后再出售这些金融证券，牵涉其中的借款人可能是养老基金或保险公司、财富管理公司或银行。

以资产证券化为代表的金融创新，为美国的金融体系释放出较大流动性，同时又可以使信贷机构的风险得到转移。因此，许多机构也乐于将次级贷款发放给还款能力较差的借款人。因此，随着住房贷款市场的扩大和贷款扩张，发放的贷款开始转向次级贷款的贷款。

比如，有时甚至不用支付首付款，零首付就可以贷款，而且还出现了忍者贷款。忍者贷款是指给那些没有收入、没有工作、没有固定资产的人的贷款。有些贷款叫作2-28贷款，这是一个为期30年期的贷款，头两年还款额很低，两年后还款额猛增。这个想法是鼓励人们现在买房，因为毕竟房价每年以10%到15%的速度在上涨。2006年，美国所有新增按揭贷款中，约有1/3不是标准贷款，他们使用的是非常宽松的贷款条件。

注意，如果你只是管理银行，你就会错过一些真实情况。这些抵押支持债券、这些贷款是由影子银行，也就是非银行业银行发放的。这就是影子银行系统的运作，这些贷款是有风险的。

请记住，美国次级按揭客户的偿付保障不是建立在客户本身的还款能力基础上，而是建立在房价不断上涨的假设之上。在房市火爆的时候，银行可以借此获得高额利息收入而不必担心风险。如果房价每年都保持10%或15%的增长，一切都会解决的。但如果房市低迷，利率上升，客户们的负担将逐步加重。当这种负担到了极限时，大量违约客户出现，不再偿还贷款，造成坏账。此时，次级债危机就产生了。

这些抵押贷款支持的金融证券后来成为其他更复杂的金融产品的基础，它们的名称有担保债务凭证和信用违约互换。然而，这种情况不能持续下去。经济总会走下坡路，而不是一直走上坡路。美国房价和住房建设的激增持续了大约五年时间，随后开始下跌。有些地方建了许多新房子，但没有人买，其中有些地方的房价开始下跌。当房价开始下跌，很多人会变得不急于购买，也不太可能偿还他们过去所借的一些贷款。

如果有些人不太可能偿还贷款，问题不在于首先是谁发了那笔贷款，而是那些拥有抵押支持债券和其他金融证券的金融机构。那么到底谁会有偿还贷款的麻烦呢？这很难弄清楚。

没有人愿意购买现有的抵押支持债券，也没有人愿意贷款。想象一下，你是一个公司，每月或每3个月做一次短期借款，你不断借钱用于偿还过去的短期贷款，这就是所谓的滚动贷款。所以你每隔几个月就要再贷款一次，但突然间没人愿意借钱给你，你不能卖掉抵押支持债券之类的金融资产，因为没有人想买它们。

美国经济的一个统计数据叫作净贷款。净贷款是一种新的贷款，是新增的贷款减去过去偿还的贷款的差额。通常情况下，美国经济的净贷款约占GDP的10%或15%，但在2009年下半年和2010年初期，美国经济中净贷款额度是负数。

自从大萧条以来，还没有发生过这样的事情。这就是金融市场的混乱，这就是金融体系停止运转的表现，有人担心还会有更大的崩溃。现在看来，美国经济确实挺过来了。美联储成了最后贷款人，提供了大量的贷款。特别是，美联储实际上购买了价值数万亿美元的住房抵押支持债券，通常来说，5年或10年后，这些都会很好。所以我们现在不打算处理目前的低价销售问题。

美国政府采取了其他重大举措，比如巨大的预算赤字，减税和增加支出，以刺激经济需求。此后，美国经济复苏相当缓慢，生产率增长相当低。在金融危机后整顿经济是一个漫长而痛苦的过程。如果你在2005年和2006年问我，我甚至不会相信会发生这样的事情，即使是强大的美国经济也变得比我想象的更脆弱。

关于中国房价经济学家怎么说

乔治·桑塔亚纳是一位哲学家和作家，出生于西班牙，他一生的大部分时间都在美国和欧洲度过，不过他已经在1952年去世了。他曾经说过一句名言："忘记过去的人注定要重蹈覆辙。"所以现在请让我给你们介绍一点"过去"的事。

早在20世纪80年代末和90年代初，日本的房地产价格也曾飞速上涨。后来，当房地产价格暴跌的时候，就导致了日本银行业的危机，进而引起日本的金融危机。从那以后，日本经济增长就一直很缓慢。2000年初，欧洲各国统一了欧元，这使欧洲一些比较小的国家更容易借贷。爱尔兰、西班牙和希腊等国家的贷款率大幅上升，房地产价格也随之大幅上涨。随后，这些国家房地产价格的暴跌成了金融崩溃的一部分，并导致这些国家的经济陷入深度衰退。

正如上文提到的，从2000年初到2006年，美国房价也在暴涨。当房价开始下跌之后，就引发了蔓延到全球的金融危机，这些都是历史。那么，中国会重蹈覆辙吗？我们都知道，中国的房价也一直在快速上涨。你是否应该担心房价暴跌，以及房价下跌后的影响？

我们先来看看中国房地产与美国房地产在暴涨期间的相似之处。我想你一定知道，中国的房价已经上涨了很多。事实上，中国房价的增长速度比当时的日本和最近的美国和欧洲都要快得多，而且持续的时间也长得多。过去，中国也有一些证据表明，房地产价格的变化可能会潜在影响许多不同的公司。

中国房地产开发商从影子银行或非银行业银行获得贷款的案

例很多。很多保险公司、投资公司的许多贷款，都贷给了中国的房地产开发商。在中国，也有相当多的非房地产公司参与房地产开发项目。

因此，在中国，如果房价下跌，很多人都会受到影响。还有一个有趣的问题是，人们是否相信房价会下跌？想要确定人们的想法很难，但无论是买房子的人还是给房地产开发投资的人，都认为政府不会让房价下跌。

以美国的情况来看，虽然现在美国的房价确实下跌了，但只是短暂的下跌。在中国的一些大中型城市，住房供给已经减少了，批给开发商的土地也减少了，住房买卖有了限制，价格也有了限制。

中国政府似乎在通过限制住房供给量的上升，将房价保持在较高水平，至少不让房价下跌。在中国经济或金融体系中，如果政府发现一个真正的问题，政府介入不足为奇。所以，中国政府可能会让房价上涨的速度比过去慢一些。但它真的会让房价下跌吗？

如果某些人认为他们可以获得借贷和投资的全部好处，那么金融系统就可能会出现危险。但如果情况不乐观，政府将设法承担一些损失。这一观点是否已经冲击了中国的房地产市场？

现在我就来谈谈中国和其他国家在房价上涨过程中的一些重要区别。或许最主要的问题是中国的经济实在是太新了。就在20

世纪80年代，中国大多数人的住房还是福利分房。到了90年代，中国才逐渐兴起建造和购买商品房。

这一过程也不是完全顺利的。在20世纪90年代中期，一些中国城市的房价快速地上涨，然后迅速下降。随后，留下了大量的不良贷款和烂尾楼，这种影响只发生在当地市场，传播得并不广泛。直到1998年，中国政府才宣布希望住房和建筑业成为私营经济的主要增长点，取消了许多限制房价的措施。

从20世纪70年代开始，到1998年，中国已经有了20年的经济快速增长，人们对住房的需求增多了。而美国经济本来就已经拥有了很多住房，不是像中国一样，过去积累的住房需求瞬间爆发了。

此外，中国住房价格的上涨是在经济快速增长、收入迅速增长的背景下发生的，并且人们预期这种情况将会持续一段时间。美国经济增长的步伐更为温和。没人预期美国的人均收入将在未来每年上升6到9个百分点。在美国，住房需求的增长主要是依靠更多借贷，以及资产证券化和影子银行的作用。在中国，对住房需求的增长主要是因为对住房需求的积累和居民迅速增长的收入，这与美国的经历非常不同。

实际上，中国房价在下跌时会比美国更安全些。原因就在于中国房地产市场的首付比较高，这意味着借款还不上的风险更为有限。过去几年，在大中型城市中，如果你购买第一套房子付的首付是30%，第二套房子的首付就可能是70%。而美国的情况是，买房需要出的首付很少甚至零首付。

开动脑筋的时刻到了，假设你借了100%的钱用于买房，现在房价下降了10%。这就意味着，你欠的那笔贷款的价值超过了房子的价值。如果你把房子卖了，那你就会损失。银行贷款超过了房子的价值，所以人们也会担心银行是否也有风险。如果你只借了70%的钱买了一个房子，房价降了10%。当然，你并不快乐，但房子的价值还是大于房贷的价值。银行不会受到威胁，这是一个很大的不同。在过去的几年里，中国已经采取了许多措施来减缓房地产开发商的投资流动。银行经常对房地产开发商收取高利率。这些受到限制的房地产开发商转向影子银行和其他外部资金渠道。这就避免了在美国发生的一些问题，美国有大量抵押支持债券被不断出售和转售，最后很难弄清楚是谁承担了风险。

2008年前后，中国的大型房地产开发商正在扩大他们的市场份额，其他许多较小的房地产开发公司则陷入了困境。中国一些大型房地产开发商甚至在寻求境外的资金支持，但规模较小的房地产公司很难做到这一点。

对规模较大的房地产公司而言，即使房地产市场有点动摇，它们也不太可能违约。这也就涉及我们接下来的话题：一个健康金融部门的重要性。美国的洛杉矶市在20世纪80年代也有过房价下降的时期，但并没有真正造成多大的损失。

房价上涨或下降10%，这真的会影响你的生活吗？你仍然有同样的工作，同样的收入。如果你打算长期住在家里，那你不需要马上卖掉房子。这对你的日常生活并没有多大的影响。房价下跌对美国、日本和欧洲的经济有实际影响，是因为当时房价下跌与银行及其他金融体系混在了一起。特别是，当银行和金融公司面临经济问题时，整个经济体的发展也有困难。

过去几年，中国政府一直在努力创造一些空间，把住房价格和健康的金融体系分离开。这样，当房价快速上涨或者下降时，银行和其他金融机构能保持稳定良好的状态。如果房价上涨太慢或房价小幅下跌，拥有房子的人也不会高兴。但是，他们仍然每天起床上班，有收入，能够继续支付房贷，银行仍然能收回贷款，银行系统不会发生大的危机。

大型房地产开发商资金充足、财务状况稳定，将会继续建设更多的房子。如果房价不像预期的那样快速上涨，他们也可以应付过去。规模较小的房地产开发商就比较难过了，也许会破产或被更大的公司兼并。

正如前面所说的，房地产开发商常常会发现，如果行业中的公司陷入困境，他们将承受损失。不会出现"正面房地产开发商赢了，反面银行和政府输了"的局面。最后，我要补充一点，虽然房地产市场对中国银行业和金融业的影响很大，但这并不是影响中国金融业的唯一问题。

05
政府行为

政府的钱是怎么花的

全世界的政府支出模式通常都是由中央政府和地方政府分担支出。例如，一个普遍的模式是中央政府支出国防经费，而地方政府部门在学校和儿童方面支出费用。

各国中央政府的支出和地方政府的支出，在数额上都有所不同。例如，在美国，很多费用是由市级、县级这种低级别的政府部门支出的，其中包括大部分的教育和交通费用，以及为贫困人口提供医疗援助和帮扶项目的费用。美国政府支出的一半是由地方政府来完成的。加拿大也是如此。加拿大政府2/3的费用由地方政府部门支出。瑞士、瑞典等国也是如此。

但关于中国政府的支出是这样的：中国有中央政府、省级政府、地区级市政府、市级政府和县级政府5级政府。这些地方政府支出占中国政府总支出的85%。

我们要讨论的第一个话题是，政府的主要支出有哪些。很多产品和服务政府不需要参与，比如你午餐想吃一碗面条，私有市场（private market）已经有很多价格合理的面条供你选择了。但在其他一些领域，私有市场可能不行。一个明显的例子就是国防，这是无法买卖的。世界各国政府都在医疗保健方面投入了大量的精力，目标是让每个人都能获得医疗保健服务，而穷人负担不起这些。比如，老年人通常负担不起医疗保险，因为老年人更容易生病。因此，老年人医疗保险的价格会非常高。一般来说，保险很难去覆盖每一个人。再比如教育，各国政府都会提供免费的义务教育。教育是对一个国家经济未来的投资，也是有关社会公平的一步。许多政府在老年人的养老金上花了很多钱，以确保老年人可以安稳地生活下去。

世界上有很多政府在社会救助方面花钱，比如帮助贫困人口和失业人口的项目。随着国家变得越来越富有，被救助的人对这些项目的期望往往也会越来越高。许多国家的政府还在环保项目上花钱。如果没有政府介入，这些问题会变得更大。

随着国家经济的发展，政府支出作为GDP的一部分也在增长。随着一个国家到达更高的收入水平，花费在健康、教育、养老金和社会保障上的费用甚至增长得更快。在中国这样的中等收入国家，政府支出大约占GDP的25%，这对于中等收入国家来说是相当普遍的。但如果你看看高收入国家，政府总开支可能是GDP的

35%或更多。比如德国、法国和意大利等国的政府支出相当于GDP的45%或50%。因此，随着健康、教育和其他项目的增长，政府支出也在增长。

现在我们来谈谈第二点，中国政府开支的改革计划。2016年8月，中国国务院宣布了一项重大改革，也就是推进中央与地方财政事权和支出责任划分改革。

这意味着将会有某些支出领域现在属于中央政府，未来将继续属于中央政府。包括：国家安全、外交事务、主要交通，基础设施和战略自然资源的使用和保护等等。过去，这些领域已占中国政府开支的1/8。

过去曾是地方政府的支出，未来将继续是地方政府的支出，包括：公共服务的提供、法律和秩序的维护，城市的道路和交通，公共设施的建设和管理等，过去，这些领域约占中国政府总开支的1/4。

你一定好奇，政府支出的其他5/8是怎么样的？这正是中国政府转变支出模式的部分。如果回到2015年，在中国政府开支改革计划宣布之前，几乎所有的支出都是由地方政府来完成的。

新的计划是，这些将成为共同的责任。中央政府将在资金方面发挥更大的作用，特别是确保全国范围内遵循的最低标准，确保贫困地区和贫困人口一定会得到援助。

这里，我们重点来谈谈养老金、医疗保健、教育和社会保护方面的问题。这些都是中国政府支出非常大的领域。在未来几年内，它们的消费占GDP的比例可能将持续上升——就像它们过去在世界各地高收入国家的上涨一样。还有一些领域，从以前纯粹的地方支出转变成中央政府支出会发挥更大作用。先来了解一下背景。

以前，地方政府对所有这些支出领域负有责任。现在，健康和教育等领域的支出迅速增长，但地方政府税收增长得没有那么快。因此，中央政府需要支持地方政府。但是这些关于哪级政府支出什么、支出多少的规则并不是很明确，有时候钱不够，地方政府就会去借钱，这就会导致一些后续问题。因此，就要弄清楚项目带来了什么问题以及谁将为每一个项目的不同部分付钱。

另一个背景是，中国人的流动性变得更强了。比如，几亿农民已经搬到城市，更多的农民可能会在未来搬到城市。而大城市里的人可能会想搬到一个较小的城市生活，因为那里的住房成本更低，出行更容易。而像养老金和医疗保健这类的项目，让人口流动变得困难。我们以养老金为例分析一下这个问题。

在中国，随着人口的老龄化，养老金将大幅增加。但中国的公共养老金制度在地方层面运行得并不理想。因此，我觉得中国可能会朝着这个方向转变：有一个国家级别的统一的基本养老金标准。它可能仍然主要在地方层面运行，但中央政府将提供更多的补贴来帮助低收入者，并确保养老金系统在全国范围内的公平。

中国政府在医疗卫生方面的支出约占GDP的3%。在很多高收入国家，大概是7%左右。现在中国已经建立了许多不同的医疗保险制度。基本上所有的人口都有资格获得保险福利。比如，覆盖城镇就业居民的城市职工基本医疗保障制度，以及覆盖农村地区的新型农村合作医疗计划。在这两个计划中，尽管人们也需要花一部分钱，但保险费用中的大部分是由政府直接支付的，然后，还有独立的、特殊的医疗保健项目，如急救或危重病等。

但是，这些健康保险项目在全国各地有着各自不同的标准和覆盖范围。如果一个农村的人去了城市，他们的医保会怎么样？谁来为他们提供医疗保障服务？或者一个城市的人想去农村，他们的医保又会是什么情况？如果人们付不起保险会怎么样？中央政府可能会更多地参与其中，以确保每个人都能得到资金支持，并且不管在哪都能得到基本的服务。

中国政府的教育支出约占GDP的3.5%，这与亚洲其他新兴市场国家相似。但在高收入国家，教育支出往往占GDP的5.5%。随着中国的发展，中国已经迈出了九年义务教育的巨大一步。但我预计，随着中国继续向高收入国家迈进，教育方面的支出会进一步增加。中央政府将更多地参与教育事业，确保教师水平，确保在低收入地区也有足够的教育资金，更多地考虑，每个年级应该达到什么样的标准。

在社会救助的支出方面，比如城市和农村的低保政策，一些向穷人提供现金支持和医疗援助的项目，在中国，这部分支出大约会占GDP的0.7%。在大多数新兴市场国家，大概会占GDP的1.6%，在大多数高收入国家，大概会超过GDP的2%。同样，中央政府扮演的角色更多是在设定支付标准和为支付这个标准提供资金。

世界各国都怎么收税

如果有一天你去华盛顿特区，很可能会走过国税局的办公大楼，这栋大楼前面的石头上刻了一句话："税收是我们为文明社会付出的代价。"这可能是想让税务局的工作人员看的。

当然，我们也有其他关于税收的名言。比如美国最高法院200年前的大法官说过："征税的权力是毁灭的力量。"还有一个著名的评论来自本杰明·富兰克林，他是一个发明家、作家和政治家，在18世纪70年代美国革命战争前后，富兰克林曾说："除了死亡和税收之外，没有什么是不可避免的。"

在我看来，这些说法都有一定道理。税收通过某些方式为政府、法律和秩序、基础设施、教育和医疗，为文明提供资金。但有时候你会觉得纳税，就像有人在偷你的钱。而且税收无论是好是坏，它们都是无法避免的。下面，我们来看看中国和世界各地一些政府的税收模式。

前文提到随着一个经济体从低收入国家到中等收入国家，再到高收入国家的发展，政府支出占GDP的比例会上升。要了解税收方面的情况，不妨想一想在一个收入非常低的国家收税的难度。

通常在低收入国家，大多数人都没有正规的工作，他们不能在固定的时间内得到固定的劳动报酬，也就是工资。经济学家称之为"非正式部门"工作。务农的农民实际上也只生产自给自足的食物，或者只是与当地农民进行易货交易。大公司在哪个国家都有，但中型和较小型的公司在有些低收入国家就很缺乏。而那些非常小的公司往往没有可以查看得清楚的财务记录。

在这些低收入国家，政府本身也没有很强的能力来收集财政信息或去执行税收工作。因此，在这种情况下，一种常见的税收模式是当货物入境或出境时，可以在边境收贸易税。另一种常见的税种模式是，如果这个国家有一些大公司，那么政府可以对这些公司征税，并将它们作为一种为政府创造收入的方法。随着经济体的发展，这种情况开始发生变化。

虽然还有一些边境税和公司税，但相对来说，它们的作用比较小。随着经济体的发展，你开始转向增值税、企业所得税、个人所得税等。中国总体上遵循了这种宽泛的模式。早在20世纪80年代和90年代初，中国的经济仍然以大型国有企业为主。当政府在某种程度上拥有一家公司时，谈论纳税是没有意义的，你怎么能对已经拥有的东西征税呢？相反，政府通常只能要求公司为提供医疗保健、住房、修建公路或为其他目的支付资金。

但在20世纪90年代，随着中国从国有企业和私营企业开始的重大转变，显然需要一套不同的税收制度。1994年，中国开始税

收体制改革，其中就包括增值税。这是世界各国普遍采用的一种
征税方法。

1994年，中国税收占GDP的12%左右。之后随着中国经济的增
长和人均收入的增加，这一数字一直在增长。近年来，由于中国
持续实施减税降费，税收占国内生产总值的比例逐步提高到15%左
右。如果你从世界范围看，经常能看到低收入国家的政府支出总
额和税收总额可能占GDP的10%到20%之间，当然也有一些例外。
中等收入国家的政府支出总额和税收占GDP的20%到30%。高收入
国家还要更高，比如美国、日本、英国这些国家的政府支出总额
和税收一般会占到GDP的35%，一些欧洲国家甚至要占到GDP的
45%或50%。

未来，如果中国政府要提高税收，会怎么做呢？根据中央
政府和地方政府的税收比例，中国的税收可以分为三种不同的类
型，第一种，税收直接划归中央政府。比如针对特定商品征收的
消费税，如酒、烟草、汽车、某些石油制成品，以及各种与贸易
有关的税收。把这些合在一起，这就相当于中国政府税收总额的
10%。

第二种，中央政府和地方政府共同征收的税收，包括增值
税、个人所得税和公司所得税。把所有这些税合在一起，相当于
中国政府所有税收的55%。其中增值税是最大的税种，占中国政府
全部税收的30%以上。

那么，增值税是什么呢？想想一个经济生产过程的不同阶

段。例如，你可以想到铁来自矿井，它被加工成钢。钢被切割成各种形状。这些钢块被用在冰箱、汽车和其他产品中。这过程中的每一步都增加了一些价值，而增值就是指在生产的每一个阶段增加的价值。

增值税的计算也不难。用销售价格减去公司从外部供应商购买东西的价格，额外的金额就是该公司增加的价值。增值税就是对商品生产、流通、劳务服务中多个环节的新增价值或商品的附加值征收的一种流转税。增值税与销售税是近亲，销售税是最终产品一经卖出就征收的税费。中国企业所得税占全部税收收入的17%左右，个人所得税仅占全部税收收入的5%左右。中国对增值税和企业所得税的依赖程度有所不同，这两种税合计占中国税收总额的一半左右。而且，个人所得税比高收入国家的要少得多。在中国，个人所得税占税收总额的5%左右，大多数高收入国家则为25%左右。

第三种是地方政府征收和支付的税收，占中国政府所有税收的1/3左右。其中最大的是覆盖社会保险的社会保障支出，如养老金、医疗保险等，这些保险支出也被分成几部分，由公司或雇主支付一部分，员工自己也支付一部分。地方政府的最终收入来源是与房地产和房地产交易有关的税收，占全部税收收入的10%左右。与大多数其他中等收入国家的房地产税相比，这一数字很高，但正如之前所提到的，中国房地产市场暴涨，所以从该领域获得更多税收是有道理的。中国房地产税占GDP的比重，实际上与高收入国家的普通水平相当。

当然，中国未来会选择最适合自己的税制。中国不一定非要遵循世界其他国家的模式，但是这些模式在世界范围内已历经检验。因此，我们从历史经验中，也许能够一探中国税收未来的发展方向。

中国税收最大的收入来源是增值税，这是全部税收收入的30%以上。许多国家喜欢使用增值税是有原因的。许多高收入国家的征收方式也很类似，所以我觉得增值税不会发生很大变化。

企业所得税是一个不同的问题，它现在占据了中国税收总额的17%。但是，欧洲国家在近几年的一般模式是降低企业所得税。2017年底，美国也通过了一项削减公司税的法律。其中的主要原因似乎是，在全球化的经济中，你想给公司一个赚取利润的机会，吸引其到你的国家做生意，而不是在别的地方。2018年5月，中国政府宣布将削减公司税。我不认为公司税会下降很多，我也不预计公司税会有很大的提高。

除此之外，个人所得税，这是一个比其他高收入国家低得多的领域。个税是非常复杂的，其中有许多不同的收入类别，还有许多不同的规则。我知道这个话题有争议，但我认为，将来中国的收入税会走向更简单化，也会覆盖更多的人。此外，可能会让收入较高的人支付更多的税。在许多国家，这是让经济受益者承担更多税收的一种主要方式。所以很可能，公司要缴纳的公司税下降了，但是在大公司任职的高收入者的个人所得税上升了。

社保大约占中国税收总额的20%，随着养老金和医疗保健费用的不断增加，这些税收可能会随着时间的推移而上升。我预计在未来，如果你支付更多的钱，你会得到更高的退休金。在中国，这种联系并没有很强，但我觉得它将来会变得更强。

政府借款的短期利弊

借钱是个好主意吗？

对于这个问题，我想很多人的答案会是取决于具体的现实情况。更确切地说，取决于这笔借款在未来的回报率有多高。比如，如果我现在借钱用于买房，或者借钱来支付我上大学的学费，你会觉得这笔借款对未来是有好处的。但是如果我借钱，是因为想每天晚上在一家高级餐厅吃饭，这不能带来显著的短期回报，且如果长期这样借钱就会带来问题。

政府借款也是同样的道理。如果借款有长期回报，那么在经济上是值得的。如果政府借款是用于改善道路、桥梁、铁路、电力设备，或是为了更好的健康水平和教育环境，这些好处可能会持续几十年。但如果借款只是为了一个永远不会有太大用处的项目，那么这笔借款很可能就不是一个划算的交易。

政府的支出往往高于税收收入，这是世界各国普遍存在的情况。那么，多出来的那部分钱是从哪里来的呢？答案是政府借的。每年的政府借款经济学家称之为预算赤字。比如，政府可以通过发行债券借钱。债券是政府、企业、银行等债务人为筹集资金，按照法定程序发行并向债权人承诺于指定日期还本付息的有价证券。债券本质上是以一定利率偿还一定金额的承诺。

所以，如果政府为借钱发行了一亿元的债券，银行、保险公司，甚至美国的养老基金、德国的投资基金都可以购买。当我们谈论预算赤字的规模时，不妨采用一下经济学家惯用的模式：将赤字规模描述为占GDP的百分比。也就是说，我不会告诉你现在有多少人民币的借款。

这是因为，如果我试着用具体的数字来描述财政赤字的话，这个数字真的很大，而且一直在变化。使用百分比更容易懂。此外，使用GDP的百分比对国家之间的赤字比较更有帮助。各国拥有不同的货币，而且它们的经济规模也会有很大的不同。

例如，在美国，政府几乎每年都有预算赤字。它通常占GDP的2%左右，但有时更大。数年内，预算赤字上升到GDP的3%、4%和5%，这并不罕见。2009年和2010年，美国经济正试图从大衰退中恢复过来，预算赤字占GDP的8%–10%。任何一个正在做反周期财政政策[10]的国家，都会出现这种年复一年的变化。当经济出现衰退或经济增长放缓时，政府会尝试用减税和削减支出的办法来刺激经济。

---

[10]　反周期的财政政策与当前的经济规范相悖。比如，当一个经济体处在经济衰退或经济增长的放缓期，它在劳动力、资本和技术上的经济产出要低于它应有的产出。因为经济形势不好，势必会影响到经济运行，减少货物的生产量。因此，政府可以利用扩张性的财政政策来增加经济的总需求。总需求增加了，公司就可以卖出更多商品，企业就会雇佣更多员工。

但是，当经济复苏并正在走强时，这个扩张性财政政策应该被减少。例如，日本在2009年、2010年的预算赤字占GDP的9%左右，但现在回落到GDP的3%左右。在大萧条期间，德国在2009年和2010年间的预算赤字约占GDP的4%或5%。现在它的预算盈余大约占GDP的1%。也就是说，他们所征集的税收稍微大于政府支出，他们可以利用这部分盈余偿还过去的借款。

中国的情况又是如何呢？在过去几年中，中国政府的预算赤字占GDP的3%左右，有时会高，有时会低，这很正常。但就政府借款而言，中国的复杂之处在于：大部分政府支出实际是通过地方政府进行的。当你考虑到他们的借贷时，情况看起来有点不同。国际货币基金组织（IMF）的经济学家曾试图计算，如果包括地方政府的借贷，中国政府的赤字规模是多少？2012年底，中国政府（包括地方政府在内）的整体赤字（即"加总财政赤字"），约占GDP的5%。但在过去的几年里，这一数字已经上升到GDP的10%左右，甚至更高一点。事实上，中国政府已经意识到这一点，并承认这是一个需要解决的问题。

现在，让我们将话题转向国家储蓄和投资身份。反周期财政政策可以刺激一个经济体的总需求，并在经济衰退或增长缓慢的情况下帮助它向前发展。但在这里，我们希望看到赤字的力量。让我们先考虑一下金融资本市场，有储蓄的需求和投资的供应。我们知道供需是平衡的，即所需的数量将等于供给的数量。

这有时被称为国家储蓄和投资恒等式。现在，这里的恒等实际上是一个数学术语。它表示，在国民收入核算体系中，储蓄等于投资的恒等关系。毕竟，如果没有金融资本供应，它实际上不可能有需求。那么，如果我们谈论的是金融资本市场，那么这个市场的供给是什么？答案是主要来源于个人储蓄，个人储蓄在近几年达到了GDP的45%，是非常高的。

那金融资本去向何方？主要有3个可能。其一是可以投资中国的经济发展，比如投资建筑、机械、设备，等等。其二是可以借给中国政府，包括中央政府或地方政府。其三是可以投资在另一个国家，比如购买美国的房地产、政府债券或股票，当然，也可以在其他国家投资。随着中国经济向更注重国内消费的方向转变，中国的个人储蓄总量会稍微下降，供给少了，那么中国该减少对哪方面的投资？这是你必须详细分析的事情。

随着中国政府借贷的上升，会产生什么样的影响？赤字越大，意味着金融资本需求量越大。第一种可能是个人储蓄可能会上升，因此，额外的政府贷款更多是来自家庭的储蓄。第二种可能性是公司投资的下降，使得额外的政府贷款来自企业的投资。第三种可能性是流向其他地方的金融资本减少。

我提到的第一种可能性是预算赤字上升，个人储蓄上升，因此，额外的政府借款来自于更多的家庭储蓄。理论上，这可能会发生。事实上，经济学中有所谓的"李嘉图等价定理"，这是以20世纪著名经济学家大卫·李嘉图命名的。这个理论表示当政府借贷变化时，个人储蓄将向反方向变化。所以更多的政府借贷，也意味着更多的个人储蓄。

第二种可能是，额外的政府借款是来自于投资公司。这就是所谓的挤出效应理论，表示政府为了平衡财政预算赤字，采取发行政府债券的方式，向私人借贷资金市场筹措资金，从而导致市场利率上升，私人投资和支出因而相应地下降。

第三种可能是，为额外的政府借款融资的资金可以从国外流入。现在，对于每个国家而言，国际资本的流入和国际资本的流出，与贸易、旅游业、国际金融投资以及我们所谈论的在中国的一切都有关系。近几年来，金融资本的流出量比流入量要大得多。基本上，贸易顺差总是与金融资本流出有关，中国的贸易顺差相当大。政府借款的额外资金可能是因为更多的资本从国外流入国内，这是好事还是坏事？答案是有利有弊。作为一名经济学家，我对此不作评判，只是告诉你更多的政府借贷带来的潜在的弊端。

可能有一些人会对政府借钱抱有忧虑。但我想在近几年内，即使在经济增长放缓或衰退的情况下，也没有太多理由去担心预算赤字，尤其是当预算赤字也不会永远持续下去的情况下。我们可以争论扩张性财政政策应该是减税还是增加支出，或者在多大程度上依赖宽松的货币政策和宽松的财政政策。我的观点是，短期预算赤字不是一个巨大的问题，但它仍然有利有弊。

政府举债会影响私人储蓄吗

你有没有想过，当政府在某一年出现预算赤字的时候，政府常年累积的债务问题会自动恶化？答案似乎是"是"。但事实上，答案恰恰相反。让我们用总债务占GDP的比重来分析一下政府债务。

如果政府债务占GDP的40%，或GDP的80%，甚至120%，我们会说，债务占GDP的比重较高，政府看似会有更大的债务问题。但这里债务占GDP的比重是个分数，总债务是分数的分子，GDP是分数的分母。在中国，近年来经济增长的速度大概为每年6%或7%。因此，如果政府有年度预算赤字，那么它肯定会增加政府的债务总额。

但如果债务总额的上升幅度小于6%或7%，那么在债务与GDP的分子式中，分子增长得比分母慢。即使政府某一年借了钱，但债务占GDP的比重也会下降。所以，这个问题的关键是，要认识到即使总债务上升，债务占GDP的比例也会下降。

只要总债务的增长小于GDP的增长，那么分数中的分子将比分母增长慢，债务与GDP的比值就会下降。也就是说，要使债务占GDP的比重上升，就需要让每年的预算赤字足够大，要让总债务的增长速度快于经济的增长速度。这里有一个有趣的暗示：如果一个国家希望政府债务占GDP的比重下降，它并不需要预算赤字为零或有预算盈余，而只需要每年的赤字足够小，总债务增长速度比经济增长速度慢就可以了。

上一节中提到的政府的预算赤字，指的是短期内的债务，比如一年时间内的借款。而接下来我们要讨论的政府债务，指的是政府长期积累的债务。在过去20年内，希腊、阿根廷和俄罗斯等国家，曾出现过政府无力偿还债务的情况。所以我们需要从稍微长远一点的视角去看债务问题，弄清楚巨额债务会如何影响经济的发展。

你知道世界各国政府债务的普遍水平是多少吗？在美国、德国、英国，政府累积的债务占GDP的80%。在中国，政府的官方债务只占到了GDP的40%。按国际标准来看，这相当低。如果你加上地方政府的借款，那么中国政府的总债务可能就是GDP的70%，类似于美国、德国和英国的情况。

哪些国家的债务占GDP的比重很高？我想日本应该算最高的，政府债务占GDP的比重大约为150%。在意大利，大约是120%。希腊是一个比较小的经济体，但在过去10年左右的新闻中，你能感觉出来它的债务水平很高，与日本差不多。显然，我们没有理由去担心中国目前的政府债务总额。

那么，是什么因素导致政府债务与GDP的比值变得非常高呢？回顾一下过去200年内的全球经济史，我们不难找出导致政府债务与GDP比率大幅上升的原因。有时可能是出于很难避免的原因，比如战争。在第一次世界大战或第二次世界大战之后，许多国家的政府债务占GDP的比值都非常高。比如，第二次世界大战后，美国债务与GDP的比超过了100%，但美国经济也在增长。随着时间的推移，逐渐过渡到中等水平的赤字水平，经济继续发展，在接下来的几十年里债务占GDP的比重逐渐下降。

有时债务危机是由于金融危机或银行危机引发的。造成这类危机的原因很多，可能是某种原因导致的信贷繁荣，可能是受政府政策的鼓励，还可能是因为借贷热和影子银行搅在一起的反应。如果信贷激增而引发银行或金融危机，那么经济发展就会受影响，而信贷繁荣期间发生的债务和借款仍然很高，也就是说分子不变，分母变小，这一比值仍然会上升。而当这种情况发生时，政府可能试图用扩张性的财政政策刺激经济，从而使债务变得更高。

债务危机还有可能与国际借贷有关。当政府借款时，其中一部分来源很可能是来自国外的资金。在最近几十年里出现了严重的政府债务问题的国家，大多是因为国际借贷这一原因，比如阿根廷、墨西哥和俄罗斯。这也是1997年和1998年东亚金融危机的主要原因。

以泰国为例，因为泰国不能在国际市场上用自己的货币借款，所以不得不用美元贷款。泰国的银行用美元借款，之后再折算成泰铢（BOT），这样钱就可以用在泰国的经济中了。正常情况下，泰国的本地借款人向银行偿还泰铢，银行把泰铢兑换成美元，然后偿还原来的国际间贷款。

但如果有人担心泰国经济增长可能会放缓，国际投资者可能就不愿意借钱给泰国，也不想持有泰国货币，泰铢就会贬值。现在，泰国所有的银行都面临着一个真正的问题。假设大多数本地借款人以泰国本国货币，也就是泰铢按时偿还贷款，但是泰铢的汇率大幅降低，那么泰国的银行能兑换回的美元就少了，即使有了同样多的泰铢，银行也无法偿还他们原来的贷款。因此，突然之间，泰国的所有主要银行都开始拖欠国际贷款。

这是一场重大的金融危机。泰国的贷款将大幅下降，股市下跌，国家经济会出现严重的衰退，这使得任何人都更难偿还贷款。这其中的关键教训是，政府借钱的时机，会导致结果的大不相同。政府举债借款的时候，可以更依靠本国储蓄吗？或者是否必须依靠来自国外的储蓄呢？

前文提到，日本的政府债务与GDP的比值非常高，但日本的国内储蓄率也很高。所以实际上，日本储户为日本政府借款提供了资金支持。因此，国际资金可能不会停止流入日本，日元汇率也不会轻易走低。同样，当中国政府借款时，也可以从中国储户那里借钱。但当中国的银行在其他国家放贷时，他们经常用美元贷款。从这个意义上说，在其他地方的国际借贷中不可避免地会面临一些汇率风险。

政府债务与GDP比率突然升高的一个最终原因是，有时候政府感觉有必要接管经济体中其他部门积累的债务。比如中国的地方政府债务由中央政府接管。在过去十年中，许多欧洲国家有过这样的经历：他们国家的银行积累了巨额可能无法偿还的债务，这就可能导致银行破产。所以，与其使银行停止运行，并使经济状况进一步恶化，这些国家的政府最终决定接管其中的许多债务，并承诺这些债务将被偿还。因此，有时政府债务与GDP的比值非常高，不是因为政府的直接借款，而是因为政府需要从坏账中拯救经济，让经济能够正常运行下去。

那么，是什么让高债务与GDP的比成为一个问题，甚至引发一场危机？这一比值过高会剥夺"财政空间"（fiscal space）。这句话的意思是，经济在发展过程中，总有可能发生一些不好的事情，可能是一场灾难，可能是金融危机，或许是经济增长放缓等。

如果有这样的情况发生，政府可能会加大扩张性财政政策的力度，比如大幅增加开支或大幅减税。如果政府债务占GDP的比重是40%，就没问题了。但是，如果政府债务已经拥有一个高的比值，比如说债务占GDP的比重高达120%，可能就没有财政空间来做这种扩张性的财政政策，而且债务与GDP的比值会继续被推高到令人不安的程度。伴随着债务与GDP比值的大幅上升，可能就会出现更大的问题。

如果这个比例过高，政府可能无法偿还贷款，进而影响到持有政府债券的各类金融机构。例如，银行通常持有政府债券，所以如果政府不打算偿还，每一家银行都会面临一个严重的问题，他们会变得更不愿意互相借钱交易。没有人愿意投资这类银行或贷款给这种银行。金融公司也是如此。

保险公司也经常投资政府债券，如果政府债务太高，就有偿还不了的危险。结果就是经济中到处会有问题，这就像是走进了一个沼泽。一旦陷入这种情况，走出来是很难的。当政府借款非常高的时候，通常经济增长就会放缓下来。因为担心会碰到无法偿还贷款的政府，人们不再思考如何发展经济，如何投资和创新。人们担心政府是否会继续借更多的钱，用新的资金来偿还过去的贷款，于是政府就需要更多的新资金来偿还这些贷款。

一旦爆发债务危机，至少需要几年的时间来解决。这显然不是经济发展的好年份。因此，在债务危机发生之前，有必要将债务与GDP的比例保持在一个安全的区间内，不至于发生任何轻微的经济危机。

中国目前的债务水平不是问题，但我们希望能避免它成为一个问题。

纵观全球政府的债务与风险

你是否有过这样的经历？你约了朋友见面，也许你在要参加的大型活动现场外面等着，或者在一个购物中心等着。也许他们是坐火车过来的，但你的周围来来往往好多人，所以你很细心地看着往来的人们，一会儿瞅瞅这边，一会儿看看那边，但还是没发现你的朋友。

你的朋友径直地走到你面前，轻拍你的肩膀说："喂。"

你惊讶地几乎跳到空中说："我到处张望着找你，可是你是从哪个方向来的？"

你的朋友说："哦，我只是直朝你走来。你这边看一下那边看一下。我朝你挥了好几次手，但我们还没有对上眼神，所以我就走了过来。"

有时候，担心政府有债务危机就像这个故事一样。政府、企业和投资者以及很多人一直都在搜寻着某个债务危机，他们也像这样不断地看看这边又看看那边。但当债务危机到来时，它似乎总像是个没有预料到的意外，就像你的朋友只是走过来拍拍你的肩膀。你就会暗自想，我本应该看到它的。

几年前，中国政府就开始密切关注金融风险。那么政府债务的风险得到控制了吗？如前文所说的，中国的某些政府借款和债务水平与许多其他高收入国家所观察到的水平相似。我们预计，未来中国的支出和税收规模将伴随着GDP增长，但没有理由相信这会带来政府借款的激增。现在看来政府不太可能因此陷入债务问题。

但还有其他风险。比如与房价上涨有关的风险，当然中国政府在这方面的把控做得很好。我认为中国的房价在未来10年里不会像过去一样快速增长。但即使房价不涨，即使一些城市偶尔房价还会小幅下跌，我也认为这不会导致金融危机。中国的高净值人群的储蓄率很高，也支付了很高的房屋首付。因此，没有理由相信房价的缓慢上涨或者小幅度下跌真的会影响到家庭。

另一个涉及房地产市场贷款的大人物是房地产开发商，他们中的许多人已经收紧了贷款。银行和贷款人提高了利率，使他们更难筹集资金。许多小型房地产开发商几乎倒闭，被经济实力更强的大企业吞并，但这些问题不太可能会演变成金融危机。

那么，我们如何发现可能会导致金融风险的问题呢？我们可以在经济领域中寻找信贷增长较快的那些领域，这些就是危险的区域。

事实上，过去10年来中国经济在贷款和信贷总量上都有了非常快速的增长。大量来自国际货币基金组织或国际清算银行等国际机构以及寻求投资市场的市场投资观察家们在近几年的报告中指出，中国的债务和信贷增长非常迅速。当然，中国政府完全意识到了这一整体局面。尽管对于不同市场上究竟存在什么问题的答案，各个机构都存在分歧，但中国政府几年来一直在努力对金融业进行改革，以降低金融业风险，使金融业更高的债务水平不会像原本那样危险。

让我们集中讨论三个具体的例子。第一个例子涉及地方政府的借款问题。前面我们讨论过中国地方政府借贷是如何大幅上涨的，但在2015年通过了一项法律，地方政府只能通过发行债券来借款，并且他们能发的债券数量有限。但事实证明这一限制很难实施。例如，如果一个地方政府与私人机构合作去做一个大型建筑项目，在公私合作的过程中，也许私人机构借了很多资金，或者合伙企业贷了很多款。那么地方政府也参与了合作项目，但它应该为这些贷款负责吗？另一种说法是地方政府设立或成立基金，地方政府用融资工具募集的资金可以用来支付各种项目。同样的，它不完全是地方政府的贷款，而是融资工具在贷款。但有时这些外部公私合营的机构和融资工具的确会获得政府基金和专项建设基金拨款。

中国一些地方政府似乎一直奉行"正面我赢，反面中央政府输"的哲学。他们想大量借贷，如果贷款的资金让地方政府获得了迅猛和持续的增长，地方政府就赢了，但如果贷款还不上了，就由中央政府来承担损失。中央政府几年前说过，它已经承担了2014年大量地方政府的贷款损失，但是现在发生的其他任何地方政府的贷款损失它不再负责承担了，但是这个说法真的会兑现吗？

据我所知，中国地方政府融资工具永远不会破产，也不会偿还不了贷款。像中国这样经济体量巨大的国家，每年都应该有一些贷款还不上，我们还可以观察到有些地方政府还款比较安全，应该支付较低的利率，因为他们风险低，而有些看起来还款风险较大的地方政府，应该支付更高的利率。如果你看到市场和各地方政府都支付相同的利率，这就说明市场没有对高风险和低风险的地方政府进行区分。

或者换言之，如果有需要，市场期待国有银行或中央政府带着更多的资金介入。因此，尽管中央政府一直在努力减缓地方政府的借贷，但借贷问题仍然存在。

第二个例子是财富管理账户。很多影子银行从投资者那里获得资金，然后寻找渠道投资并获得回报，实际上它们不是银行。

中国大约有30万亿元的财富管理账户，其中许多最终也是由银行运营的。但它们实际上并不是银行业，也不是银行的一部分，因此金融监管机构不会密切关注它们，并且不会确保它们承担的风险是合理的。另外，财富管理账户的钱不是银行存款，所以没有存款保险。至少从理论上讲，那笔钱可能会蒙受损失，但真的有可能发生吗？中国已经通过了一系列规定，表明财富管理账户里的钱有可能损失，财富管理账户中的钱不受担保。2018年4月，中国人民银行制定了一项规定，银行必须把财富管理账户作为一个独立的公司运营，与银行的其余部分要明显地区分开。

这样做的目的，是确保政府不会在压力之下为这些资金担保。事实上，承诺固定回报的财富管理账户数量一直在下降。另一个规定是，财富管理基金必须明确它们的投资去向，必须定期计算投资的价值，并公开这个数字，这有时被称为"逐日盯市制度"。也就是说，必须在一定时间内记录账户的价值，也就是实际市场价值。

因此投资者可以看到，在某些财富管理账户中，收益率有时会上升，有时会下降。当然，让投资者承担风险是可以的。如果投资者获得上行收益，他们还需要接受下行亏损的可能。我们不想要"正面财富管理基金赢，反面政府输"的局面。现在，当然，执行这些新规定的银行已经开始建立新型账户，比如称为结构性存款的账户，账户中有一些回报是有保证的，但有些账户收益则与外部投资的表现有关。

金融监管机构要密切关注这些和其他账户，以确保它们不只是以不同形式表现而已。中国的资产管理行业的规模，大约是财富管理基金的3倍，但接下来的几年里可能要发生的改革，这些财富管理基金似乎真的是个好起点。中国还有一个信贷增长很快的领域，即企业贷款。

中国许多国有企业，常常会从国有银行获得大量的贷款。当某个组织在某段时间内获得越来越多的贷款时，就会有无法偿还贷款的风险。现在，已经陆续有一些措施在努力缩减对国有企业的贷款，但因为银行正在发放不可能偿还的贷款，我们不希望银行陷入财务困境。而对于许多私营企业来说，问题在于公司债券，因为金融监管机构不想让银行承受贷款的风险，所以中国的公司开始通过发行债券来借款。

当然，财富管理账户最终会购买这些债券，或债券也可以卖给国际投资者来融资。2007年所有的中国的企业债券的总价值约为5000亿元，但2017年年底为13万亿元。在这10年里，债券市场规模增加了26倍。中国现在是世界上企业债券的最大市场之一。这里的问题是，如果一个公司不能兑付债券，也许是公司做得不好，也许是利率上浮，那么购买债券的投资者需要承担损失。你也不希望出现"正面投资者和公司债券赢，反面政府输"的局面。

过去几年，中国借贷规模大幅上涨，这是好的一面，这些融资是为帮助中国经济保持快速增长。但是经济学界也在探究大量借贷可能带来的弊端。一个可能的弊端是，在某些特定的领域，太多的贷款可能被发放得太快，一些借款人将无力偿还。

只要贷款数目很小，那么像中国这样一个庞大而不断增长的经济体就应该能够应对。但如果演变成一个无法偿还的大数目，那个时候，中国政府可能会想要承担部分债务，政府会通过介入来平复金融市场的动荡。中国政府正在进行许多改革，试图证明那些借贷者和投资者需要做出判断，以确定风险是否值得去承受。

如果他们从风险中获得了收益，他们也必须承担可能的损失。要记得，这里的问题是，中国政府不必将借款削减到零或防止新的债务或大规模的打击。其目标是减慢中国总债务的增长，使其增速比中国整体经济增速慢，并让金融系统更加强大。因此，即使出现问题，也只会影响少数公司，而不是整个银行系统。

06
国际市场

全球价值链中的中国企业

你应该知道，苹果公司造了一部叫作iPhone的手机。苹果是一家美国公司，总部位于加利福尼亚州旧金山南部的硅谷地区。它现在是世界上最有价值的公司。那我问你个问题，iPhone是在哪里制造出来的呢？这个问题很难回答，因为实际上不能说它是在任何一个地方制造的。

iPhone的设计工作主要在加利福尼亚完成，但组装iPhone的零部件来自世界各地，举个例子，电池不是来自韩国的三星，就是来自中国的欣旺达电子，但三星在80个不同的国家有分公司；iPhone的摄像头来自高通公司，高通总部在美国，但在中国和其他20多个国家都设有分公司，摄像头还有可能来自索尼，索尼总部在日本，但索尼在其他几十个国家也都有分公司；iPhone上的玻璃屏来自美国康宁，康宁在中国和其他25个国家有分公司。当然，iPhone上其他各种零件也都来自世界各地，比如手机加速传感器，一种能判断你是在倾斜手机还是在旋转手机，并相应地调整图像呈现的零件，是由德国博世传感器技术公司制造的，而博世传感器技术公司在美国、中国、韩国、日本等地都有分公司。

这些零件主要被运送到两个大公司组装，最大的是富士康，另一个是和硕，这两个公司组装iPhone的大部分步骤都在中国完成。富士康是中国深圳的一家工厂，主要是完成iPhone的包装等组装和最终测试等工作，工厂占地500多公顷，雇用了超过30万工人，组装一部iPhone手机大约需要400个工序，包括抛光零件、焊接、钻孔、螺钉装配等等，其中有些由人工完成，还有很多是由机器人完成的。

富士康工厂每天可以生产大约50万部iPhone，这种生产过程叫作全球供应链。你能从名字中感觉到，这显然与国际贸易有关，但这里的贸易是把成品拆开，在许多不同国家进行不同零件的生产过程。

什么是全球供应链呢？现在有1/3的国际贸易是传统贸易，传统贸易的意思就是所有的生产都在一个国家，所有的消费都在另一个国家。其他2/3的国际贸易是先进口某产品，然后用于生产另一种产品出口。这很容易让我们想到，很多关于同一个生产链在不同国家间反复进口、出口的例子，比如，我们经常见到，美国和墨西哥边境有很多汽车生产企业，在生产过程中，汽车部件可能会在边界来回交易，每一步都会增加某个零件。

中国和东亚各国的商品生产过程也是如此。那么，为什么会存在全球供应链呢？主要原因是这样操作能降低成本，它能让每个国家的工人发挥各自的比较优势，使他们能够更有效地节约生产成本和提高产量。如果任何国家决定不参与全球供应链，总部设在那里的公司将很难在世界市场上竞争。事实上，一些经济学家甚至认为，当考虑到现代经济中的国际贸易时，不能总是倾向于单一地思考某个国家的问题。

有时候，我们把国际贸易看成是3个国际供应链集群会更有帮助：东亚集群、欧洲集群和北美集群。

全球供应链如何变化？有多少人会考虑进口、出口和贸易呢？当大多数人想到国际贸易时，他们想到的是在某个地方生产并在另一个地方销售的某种产品。我之前举过中国出口大米和进口石油的例子，这就是人们经常想到的出口汽车或电脑的方式，但显然苹果iPhone不是在某一个国家制造的。

它在中国组装，但零件来自含中国在内的世界各地。如果再看所有这些零件都来自哪里，你还会发现许多单独的零件也是在不同的国家组装在一起的。这个情况可能会让你回顾起之前学的课程，比如，我们谈过亚当·斯密和他的观点：经济植根于分工，当你把所有的生产任务分解时，它可以分到不同的公司，甚至可以分到不同的国家。

　　这意味着某些中国进口的产品实际上有一部分是用于出口的。如果中国不进口苹果公司制造iPhone需要的一些零件，苹果公司就会在其他国家组装。实际上包括中国在内的任何国家的出口总额都可以分为两部分：一部分是中国工人和供应商在中国生产产品时增加的价值。另一部分是先从国外进口，由中国工人和供应商组装在一起再出口的产品增加的价值。中国官方统计数字中约1/3的出口价值实际上来自中国进口，随后组装，然后再次出口的产品。

　　这一比例相对较高了。也就是说，中国在全球供应链的参与度很高。我们知道的20国集团包括了世界上最大的19个经济体，而第20个经济体是将整个欧盟作为一个整体来看待的。从20国集团来看，中国的出口份额是第二高的，其中增加的价值来自进口。但从全世界来看，至少从20世纪80年代起，这种出口份额一直在上升。如此看来，这应该是普遍现象。

　　不过，这有时会导致一些奇怪的想法，其中有一个是关于苹果在中国销售手机时，在技术上或法律上的奇怪做法。这些手机从富士康公司出口到苹果美国公司，然后再从苹果公司进口到中国。但事实上，这个从中国出口并进口回中国的过程是这样的：手机并没有真正离开中国，所有这些重新进口的程序都发生在一个离富士康工厂不远的海关仓库，这个过程是合法的。

　　所以，当考虑国际贸易时，不能单独考虑某一个国家如何制造某种产品或不制造某种产品。你要考虑的是某一个国家如何参与生产过程。有时候经济学家说国际贸易并不是你制造什么，而是你做什么，它不在意你制作的产品的是什么，而是强调某一个国家如何融入全球供应链。这个全球供应链对中国以及其他许多国家都大有好处，对一个国家而言，自己完全独立自主地制造iPhone的所有零件是非常困难的。

但中国不必从头开始制造所有零部件，它只需要中国工人、设备和供应商参与整个生产过程，这让许多国家，不仅是中国，能更容易地参与全球市场。你不用制造什么，而是需要考虑如何参与供应链。

一个生产过程分为3个阶段：第一，研发设计阶段；第二，实际制作和组装产品阶段；第三，详细了解市场阶段。你可以做产品的营销，并把它运送到零售店最终给到消费者。如果你把所有这些不同部分加在一起，就是产品的总价值。这也是微笑曲线的表现形式。

谁会在每一个过程里获得收益？在开始阶段，研发设计阶段的收益通常很高，它们代表了产品的大部分最终价值。而那些具有市场知识的人，他们知道人们想要什么，知道如何说服人们购买，如何把产品送到商店，他们也有相当高的收益，能获得很大的产品最终价值。

但是，中间阶段，生产与装配在总价值中所占的份额往往较小，工资最低。所以，用图形来表示，就可以将这个过程想象成一个微笑的符号，它在生产早期的研发设计阶段的一端很高，在另一端生产后期销售阶段也很高，但在生产中间阶段很低。这条微笑曲线对中国来说很重要，因为正如我们讨论的iPhone一样，中国的很多国际贸易都发生在微笑曲线的中间阶段。

从某种意义上说，这既是好消息，又是坏消息。好消息是，中国是世界贸易中非常活跃的参与者，进出口企业产生了大量的工作机会，这些工作通常薪水很高。另外通过参与世界贸易，中国的生产商和工人们经常能学到很多技能和技术，这些技能和技术在很多方面都发挥了很大的作用。尤其是在过去20年左右的时间里，国际贸易一直是中国经济增长的重要组成部分。坏消息是，现在中国的许多生产商正处于微笑曲线的底部，只是进行实际的生产和组装工作。

因此，中国未来经济增长的目标是让越来越多的公司和工人走向微笑曲线的另一端：设计研发过程，或者营销和分销过程。随着中国经济的发展，这种情况正在逐步转变。如果退回到20年前，中国主要的出口产品是价值很低的纺织品和服装。现在中国主要的出口产品包括像苹果iPhone之类的机器、电脑和技术。如果一直回溯到1995年，那时中国主要是出口组装计算机或通信设备的产品和相关技术，大约75%的产品价值必须先进口组装后再出口。现在，如果你看看那些计算通信、信息技术产品，只有大约50%的价值是先进口到中国，组装后再出口的。因此，中国正在把更多的产品移向微笑曲线的另一端，而这是一个持续的过程。

贸易平衡有意义吗?

如果问你,所有经济统计数据中你认为老百姓最不理解的是哪一个,也许你要说,通货膨胀、国内生产总值、失业率、强劲和疲软的汇率,等等。几年前我写了一篇文章,开头是这样的:最不被理解的经济统计名词,你能想到的答案有很多,但贸易逆差显然是必选的,因为没有其他名词会被经济学家解释得如此五花八门。

事实上,关于贸易逆差和贸易顺差,以及它们在经济学中的含义,有很多含混不清的地方。下面我们将讨论4个与之有关的话题。第一,中国主要的进口商品和出口商品各是什么?第二,什么是商品贸易差额和经常账户贸易差额?第三,为什么经济学家通常忽视双边贸易的差额?第四,在贸易顺差、贸易逆差中,什么不能代表经济增长?

首先,中国主要的进出口商品各是什么?世界银行的经济学家把世界各国的贸易数据汇总起来。根据他们的计算,2017年,中国商品和服务的进口额相当于中国经济总量的18%。

与此同时,中国2017年的商品和服务出口额相当于中国经济总量的19.7%。也就是说,出口占GDP的19.7%,进口占GDP的18%。中国的一些主要出口产品有哪些呢?答案是电子机械和设备的出口,包括像计算机这样的机器。手机、电脑、汽车零部件和其他物品加起来,占中国出口总额的40%以上,其他商品占的份额较小，比如家具、床上用品和服装加在一起，总共大约占中国总出口额的10%。还有很多较小的类别，比如摩托车占中国总出口额的3%，塑料和塑料制品占3%，玩具和游戏占3%等等。

中国最大的两类进口产品是电机设备和机械，包括计算机。这听起来很熟悉，因为这既是两种最大的出口商品，也是两种最大的进口商品，加起来大约是总进口量的34%。一些其他进口产品同时也是出口商品，比如中国的汽车占出口的3%，占进口的4%，塑料和塑料制品占出口的3%，占进口总额的比例也是3%。

为什么中国在进口和出口同类的商品呢？中国是全球供应链的一部分，因此会进口某些类型的电机和设备，用计算机把它与其他产品结合起来，然后再出口这些东西。除此之外，还有类型的原因。可以确定的是，一些进口机械设备与某些出口机械设备肯定大不相同。所以在某种程度上，这为那些购买这些产品的人们提供了更多的选择，增加了可能被购买产品之间的竞争。

有一些中国主要进口商品与主要出口商品就很不同。比如，石油和燃料占中国进口总额的大约13%，铜和其他金属矿石加在一起约占进口总额的9%。因此，进口原材料和能源产品是进口的一部分。比如中国从沙特阿拉伯等国进口石油，这样的贸易是有好处的。

在谈论贸易差额前，有必要弄清楚这些术语的含义。贸易差额指的是用出口总额减去进口总额，如果出口大于进口，就是贸易顺差，如果出口小于进口，就是贸易逆差，如果出口等于进口，就是贸易平衡。大约在10年或12年前，中国贸易的顺差很大，但最近几年一直在下降。以2017年和2018年为例，就与贸易平衡的水平相当接近。另一方面，美国在这一时期通常贸易逆差很大。

需要着重指出的是，当时的贸易和现在的贸易有很大不同。在20年前，国际贸易由轮船、飞机、火车来回穿越国界运送货物。实际发生的实物商品的进出口情况，就是商品贸易的顺差或商品贸易的逆差。但随着时间的推移，越来越多的国际贸易是服务型商品。

例如，当一家中国建筑公司在马来西亚或肯尼亚建造道路或电网时，就是在出口服务。当一个美国游客来中国旅游，就餐或买票，中国是在向美国出口旅游服务。因此，为了充分衡量贸易平衡，不仅要看货物贸易，还要看服务贸易。

实际上还要包括一些其他的商品：一是要包括在其他国家的金融投资上的收益。这个作为国际贸易的一部分似乎有点不可思议，但你想一想，当一个来自中国的投资者投资另一个国家时，他们为那个国家提供了一些金融资本，当中国的投资者得到收益时，他们得到的是金融资本的收益。他们提供了一项服务，不是建筑服务或旅游服务，而是金融资本的服务。因此，这算是贸易的一部分。

应该算在贸易顺差和逆差中的另一种类别叫作单边资金转移。例如，对于一些获得大量外国援助的国家来说，外国援助是向该国的资金转移。又如，当一个国家的工人去另一个国家找工作，然后把所赚的钱寄回自己的家庭，那么这些汇款也是一个国家在国际交易的整体情况的一部分。所以必须把这四个部分放在一起考虑：货物贸易、服务贸易、外国投资进出某国的金融收益，以及这些单边资金转移。当把所有这些加在一起时，就会得到一个叫作经常账户差额的统计数据，它是包含所有这些在内的贸易总量的衡量标准。

对于大多数像中国和美国这样的大型经济体而言，商品贸易仍然是其中最大的一部分，服务贸易正在增长，紧随其后。投资收益和单边资金转移占比较小，但为了数据的完整性，仍然要将它们计算在内。2017年，中国的商品和服务贸易顺差超过了GDP的1.7%。但如果加上经常账户逆差的其他因素，那贸易顺差占GDP的1.3%。2017年前的几年情况大概都是如此。从2018年的数据来看，中国的贸易顺差可能要小一些，再一次低于GDP的2%，可能也会低于1%。

那么，为什么经济学家通常选择忽视双边贸易差额？我们通常只关注中国的总体贸易顺差，而不关注中国与美国、德国或澳大利亚等国家之间的贸易顺差。为什么会这样呢？如果你逐个国家地看贸易顺差和差额（即所谓的双边贸易差额，双边指的是两个国家之间），如果仔细思考一下，你会发现，地球上所有国家联合在一起的总贸易差额必须是零。毕竟，任何一个国家的进口都会是其他国家的出口。总进口等于总出口，换一种说法：对整个世界而言，不可能每个国家都是贸易顺差，也不可能每个国家都是贸易逆差。任何国家的贸易顺差都需要用世界其他地方的贸易逆差来抵消。

但对于任何一个国家来说，贸易差额将包含顺差和逆差。例如，中国总体上是贸易顺差，但在与一些国家的贸易中，中国处于双边贸易逆差。例如，中国通常与大型能源出口国存在双边贸易逆差，例如从沙特阿拉伯购买石油。中国与某些电子产品的出口大国也存在双边贸易逆差，比如日本、韩国和德国。因为中国作为全球供应链的一部分从那些国家进口了很多电子产品，尽管其中一些后来变成产品出口到了其他地方。

当然，中国与美国有很大的双边贸易顺差。双边贸易平衡、贸易顺差和贸易逆差确实能解释贸易的情况，但实际上一个国家与其他任何国家保持双边贸易平衡是不可能的。正常而言，一个国家对一些国家是双边贸易顺差，对其他国家是双边贸易逆差，这并不能说整个国家是贸易顺差、贸易逆差还是贸易平衡。

当我们谈论贸易顺差或贸易逆差时，我们只是在谈论一些定义非常明确的词汇而已。这并不意味着好与坏。就像之前我们讨论过的问题：价格高更好还是价格低更好？答案是要具体情况具体分析。通常有观点认为贸易顺差是好事，贸易平衡也是好事，因为顺差和平衡听起来像是好事。贸易逆差肯定不是好事，逆差听起来不是件好事。但请你记住，我们之前讨论贸易带来的好处时，都没有涉及一个国家是贸易顺差好还是贸易逆差好，一切都取决于双方如何以各种方式从贸易中获益。

事实上，有很多例子表明贸易顺差不会导致经济增长，而贸易逆差却似乎能行得通。举个日本的例子，日本在过去的几十年里一直保持贸易顺差，贸易顺差经常达到GDP的2%，3%，4%，比现在的中国还要大，但同时，自1990年以来，日本的经济增长速度非常缓慢。显然，贸易顺差并没有让日本的经济增长。相反，自大约20世纪80年代以来，美国几乎每年都有贸易逆差，至今已有30多年了。这些贸易逆差通常占到GDP的2%或3%，有时甚至更大，但在这段时间里，美国仍然是世界上最大的经济体，生活水平非常高，保持了长时间不错的经济增长。美国的贸易逆差可能不是什么大因素，在过去的几十年里，显然没有削弱美国的经济。

对中国而言，近年来的贸易顺差约占GDP的1%至2%。现在，从整体来看，贸易一直对中国的经济有好处，所有的进出口合在一起帮助了中国经济的发展，而不是贸易顺差。如果仔细想一想，认为占GDP 1%或2%的贸易顺差会导致中国经济整体地每年以6%或7%的速度持续快速增长，这种想法也很奇怪。

看资本流动，规避金融风险

如果有人对你说："我真的想更高一些。我真的想变矮一些。"你可能会说两种选择都各有利弊，但有一件事是肯定的，你不能同时做到这两件事。

很多人在讨论经济时也会说类似的话。一方面他们说，我希望我们的经济是贸易顺差的，另一方面他们会说，我希望我们能吸引大量外资流入，从而让我们成为经济增长的目的地。贸易顺差和外国资本流入这两种愿望实际上是相互矛盾的，就好像一个人在同一时间既想变高，又想变矮一样矛盾。理解了这一点，你们会更好地理解经济学家们是如何看待贸易平衡的。

让我们从国际金融流动如何反映国际贸易流动开始谈起。经济是循环流动的，例如，在商品市场中，商品从企业流向家庭，而资金从家庭流向企业。

国际贸易也是如此，只是这种经济流动是跨越国界的。现在，让我们以同样的思维方式想一想贸易平衡。一方面，从贸易平衡的积极面来看，贸易想有盈余，就意味着有国外的资金流入国内，例如出口商品或服务，或者在其他国家投资得到了收益，就是从国外挣了钱。

另一方面，从贸易平衡的消极面来看，导致一个国家经常账户出现赤字的因素包括资金流出。例如进口商品或服务，或者其他国家投资了本国经济，国内的钱和收益就会流向国外。如果一个国家贸易收支平衡，那么当所有这些因素加在一起时，流入一国的国际资金必须与流出该国的国际资金等值。

这对贸易顺差或贸易逆差意味着什么？举两个例子——这里要谈的经验普遍适用于所有贸易顺差或贸易赤字的国家。中国是贸易顺差国，美国是贸易逆差国。中国的贸易顺差意味着从国际上流入该国的资金比流出的要多，那流入中国的额外资金，比如说中国通过出口而获得的美元，会怎样呢？

这些美元不是用来购买美国的商品和服务，或支付投资收益，它们已经在经常账户的差额中计算过了。那么经常账户盈余的资金用途有哪些？你也许会说，中国可以把这些额外的钱存入银行账户，但是有一个硬道理我们该记住：美元只是美国的货币。

因此，如果一个美国公司通过出口赚取美元，它不是直接把这些美元放进中国的银行。而中国公司希望得到的是人民币，不是美元，以便可以直接用来支付给工人、供应商和投资者。因此，拿到美元以后就需要在汇率市场中把美元兑换出去，这些美元最终将投资于美国资产，或购买美元股票或债券，或购买房产或存入银行账户。

所以，中国的贸易顺差最终以金融资本的形式从中国回流向美国。许多中国企业出口并赚取美元，他们通过中国人民银行把美元兑换成人民币，然后中国人民银行将持有的这些美元投资于美国政府财政部发行的债券。因此，中国的贸易顺差变成了来自中国的金融投资流，通过这种方式，资金被投资回美国。

从另一个角度来看，由于各种原因，像美国这样的贸易逆差国，本国的经常账户差额中流出美国的资金要多于流入的资金。这些流出美国的美元没有被用于购买商品和服务，或支付投资收益，因为这些因素已经计入了经常账户差额，是贸易逆差。

那会发生什么事呢？世界其他地区的美元可以在美元资产上进行金融投资。因此，对于经济学家来说，贸易逆差字面意思就是该国正在接受来自其他国家的金融投资，而贸易顺差的字面意思就是该国正在向其他国家输送金融资本，这就是为什么不可能同时实现贸易顺差和外资流入的原因。这一点有点不容易理解，尤其是对初学者来说。

现在，我再用贸易平衡与国内生产和消费的关系来解释一下这一点。设想有一个国家，它的商品和服务的生产总额与商品和服务的消费总额相同，所以生产等于消费。这可能是一个完全不需要国际贸易的社会，但我们可以假设它有国际贸易。

也就是说，无论这个国家生产什么产品，无论出口到国外被消费了什么产品，出口国家的生产量和其他进口国家消费的量是相等的。因此，一个商品和服务的国内生产总量等于商品和服务的国内消费量的国家，也就是贸易平衡的国家，当然，也许根本就没有发生贸易。对这个国家来说，贸易顺差或贸易逆差指的是什么呢？

贸易顺差国指的是国内生产量超过国内消费量的国家，那额外的生产量有什么用呢？可以出口到其他国家，这个国家的总出口量大于总进口量。

这不仅仅是一个关于贸易顺差的理论，实际上还是贸易顺差的定义。假设中国企业出口商品到美国，中国企业赚到了美元，这些美元并不是全部消耗在消费品上，因为贸易盈余意味着生产量超过消费量，因此，贸易顺差中的额外资金会被用于金融投资。你可能会问，为什么中国公司不把这些美元投资到中国呢？最根本的原因是你不能直接用美元在中国投资。在中国，你不能直接用美元购买土地、设备、机器，或股票、债券，你需要使用中国货币购买。

那么，中国企业将在中国生产的产品出口到美国，然后中国企业获得美元，把它们兑换成人民币，他们用这些钱来支付给中国的工人、供应商和投资者，而这些美元在外汇市场上不会无故消失，它们会找到希望投资美元资产的人。

让我们考虑一下贸易逆差，像美国这样的贸易逆差国指的是国内消费量多于国内生产量的国家，那么，一个国家怎么能消费比生产量更多的产品呢？

如果一个国家从其他国家进口商品和服务，预计进口量比出口量大，这个国家就能消费比生产量更多的东西。这不仅是关于贸易赤字的理论，而是贸易赤字的实际定义。像美国这样的贸易逆差国可以通过从国外借款支付额外的消费，这再次表明，贸易逆差只发生在有国外金融资本净流入的国家。

那么，金融资本流入和资本流出哪个更好？在此之前，我们一直在争论的一个问题是，贸易逆差表示的是这个国家消费量大于生产量，总是会有国际金融资本的流入，而贸易顺差表示的是该国生产量大于消费量，把多余的产品出口到国外，总是会有金融资本的净流出。贸易顺差和逆差并不能决定经济能否快速增长，像日本这样增长缓慢的经济体，可以长期有巨大的贸易顺差，而像美国这样的国家可以长期存在贸易逆差，其经济却仍然领先于世界。

另外，贸易顺差和逆差与公平没有关系。举例来说，你不能说贸易平衡的变化就是交易是否公平的变化。因此，问贸易顺差或贸易逆差哪个更好就像是问，金融资本的国际流出或国际流入哪个更好。我对这类问题的答案都是：这取决于不同情况，两种都可能很好。

贸易顺差的好处在于，随着金融资本的外流，该国可以提高其海外的国际投资水平。坏处是工人在经济中的生产量比他们的消费量要多，这样做并不能帮助经济增长得更快，还有一个危险的地方是，如果进行大量的国际金融投资，这些投资并不总是安全的。在某些情况下，它们可能会遭受巨大损失，尤其是因为许多外国投资是以他国货币进行的，汇率可能会上下浮动，都可能造成损失。

那贸易逆差时又是什么情形呢？就是国际金融资本的流入，这可能是件好事。在某些情况下也的确如此，假如本国经济没有大量的国内储蓄，但确实又有很多好的投资机会，在这种情况下，从国外获得外国投资有助于促进经济增长。美国是一个很有趣又奇怪的案例，有很多资金流入美国，但大部分都流入了相当安全的投资领域，比如美国财政部发行的美国政府债券，这些债券的利率非常低。

美国对其他国家的大量投资是以在其他国家拥有和管理工厂和公司的形式进行的，而这种投资的回报率相当高，所以美国的经济模式有点像银行，它从世界其他国家获得存款，这里说的存款指的是低利率的投资，比如美国国债。美国把这些资金投资在回报率更高的地方，几十年来这种模式对美国经济起到了很好的作用，但也存在贸易逆差的危险。

如果外国资本大量流入，会发生什么情况呢？它会被花在短期消费上，而不是投资上，而且很难得到偿还。当经济不能偿还外债时，它会导致全国性的金融危机。

国际投资：事关商品和就业

当谈到国际投资流动时，金额通常以万亿来计，单位通常是美元。那么1万亿是多少呢？让我们换个思维方式来考虑这个数字，你知道1000秒是多久吗？

答案是16分钟左右，那100万秒是多久呢？答案是大约11天半，10亿秒是多久？答案是32年左右。也就是说，10亿秒之前几乎可以追溯到20世纪80年代中期，中国开始改革开放后不久的时候，那1万亿秒之前是什么时候？是32000年前，那时人类还生活在洞穴里，在发明陶器和发明绳索之前。所以，10亿和1万亿之间的区别，就像回到1985年和回到生活在洞穴的原始人时代之间的区别一样。世界GDP总值大约是80万亿美元，如果换算成人民币，则超过500万亿美元。前文提到过，国际贸易的流动也涉及金融的流动，下面就来重点谈谈国际金融流动的具体类型。

让我们先从FDI（Foreign Direct Investment，外国直接投资，又叫外商直接投资）开始谈起，这是一种投资者对投资有持久兴趣的投资。也就是说，投资者不是只打算把这项投资放在手里一两天，下周或下个月就卖出去，而是计划在长时间内坚持投资。我们很难直接从统计数据中判断出来哪些是FDI，但有一个方法可以帮助判断：如果外国投资者购买了公司的大量股票，或者一家外国公司和一家国内公司合并，这两种情况就算外国直接投资。经济学家常用的衡量标准是，如果一个外国投资者拥有某家公司10%以上的股份，那么就可以认为这家外国公司对所持有的中国公司有特定的兴趣，他们希望参与公司的管理和决策。

因此，这些投资被称为外国直接投资。这些外国直接投资是持久的，它们往往会随着时间的推移而累积，通常与全球供应链有关，例如，你可能会投资其他公司，在其他国家参与自己公司会用到的供应链。每年，联合国贸易和发展会议（UNCTAD）会发布一份全球外国直接投资的估计报告，根据联合国贸易和发展会议2021年4月发布的《全球投资趋势监测报告》显示，受新冠疫情影响，2020年全球FDI总额约为8590亿美元，与2019年相比缩水42%。中国FDI逆势增长4%，达到1630亿美元，中国超过美国成为全球最大外资流入国。

在过去，世界上所有外国直接投资的2/3都在高收入国家，所以你可以把这种情况想成，一家美国公司购买了一家德国公司的一部分，一家日本公司购买了一家英国公司的一部分。事实上，如果退回到15年前，流入美国、加拿大、日本、欧盟成员国等发达国家的外国直接投资要高于流入发展中国家的外国直接投资，也就是像中国这样的中等收入国家或低收入国家。但在中国的引领下，对其他新兴市场的外国直接投资一直在追赶，而且任何一年的分配比例都是一半一半，大约有一半的外国直接投资流向了高收入的发达经济体，另一半则流向新兴的发展中市场。

近年来，中国在外商直接投资资金流入和流出方面的作用都越来越大，这与我们的证券投资和外汇储备形成对比，外国直接投资是投资者有持久兴趣并且不想马上出售的投资。

证券投资可以算是一种纯粹的外国金融投资，不涉及管理，证券投资就是购买外国政府或公司发行的债券，或者大量购买包括不同国家、不同公司的股票、基金或国际银行贷款，不需要进行特别管理。

国际货币基金组织有一份关于世界各地证券投资的统计报告。数据显示，2017年全球的外国证券投资总额大约是54万亿美元，比外国直接投资多得多。有趣的是，在过去的证券投资中，中国占的比重一直相对较小。再看证券投资的类别，不考虑中国经济总规模的情况，这是因为，过去外国投资者很难轻易地参与中国金融市场的股票和债券买卖，对于中国投资者来说，自己轻松参与并买卖其他国家的股票和债券也有些困难。现在这种情况在过去几年已经开始发生变化。

还有一项值得一提，那就是中国人民银行持有的外汇储备，早在2001年，也就是在中国加入世界贸易组织前，中国人民银行有大约2000亿美元的美元资产，现在是数万亿美元。你知道数万亿美元并不算什么，但中国的出口繁荣在2000年早期就开始了，中国公司开始从世界各地赚取美元和其他货币并换成人民币。中国人民银行持有大量赚得的外币，持有大量投资于美国国债的美元所赚到的钱，到2014年，中国央行已经积累了4万亿美元的外汇资产，现在，外汇资产和储备已经下降到3万亿美元左右。这不是传统的证券投资，因为它是由央行而不是其他投资者来完成的。

但在某种程度上，这就是过去中国证券投资的方式。如果中央银行不做投资，它可能会把这笔钱用在其他方面。那么，外国直接投资和证券投资哪一个更好呢？我们来谈谈其中的一些利弊。

无论是外国直接投资还是证券投资的流入，都有一个好处，就是可以提供贷款和资本。如果一个经济体有良好的投资机会，但没有足够的金融资本，那么对于接受这些资金流入的经济体来说，这可能产生很大的收益。另一方面，可能有危险，因为任何投资都会有风险。如果回报很好，对投资者和接受投资者都有好处，但并非所有投资都有回报，如果没有回报，可能就会有痛苦和愤怒，那些无力还债的人会感到沮丧，投了资却亏损的人也会感到沮丧，投资有好有坏，这就是风险的含义。

如果失败的比例太高，对双方都不好。对中国来说，有个有意思的事情，中国的外汇储备在外国证券投资中占有很大的份额，所以风险非常低。另一方面，这些外汇储备利息非常低，没有真正的高回报。外国直接投资往往会带来额外的利益，经济学家有时也称之为"额外收益"。比如，在额外的资本投资之外，被投资者还经常能成为全球供应链的一部分，当成为全球供应链的一部分时，又能够共享一些管理技能，获得一些制造技能或新技术，可能有更多的机会进入金融市场，因为一个参与外国直接投资的公司能进入很多国家的金融市场。

证券投资没有任何这些好处，外国直接投资的另一个好处是你不用太担心波动。也就是说，资金不太可能再次快速涌入和退出，因为这是一项长期的投资。而证券投资更容易快进和快出，从而可能导致严重的经济问题。中国过去不是全球证券投资的主要参与者，因此目前为止还不必担心这些问题。

最后，对于外国直接投资，人们往往担心外国投资者可能会在多大程度上控制本国的业务。许多国家实际上通过了有关外国直接投资的法律：他们可能会鼓励外国资本对一些行业进行投资，但阻止对其他行业投资，要求保留国内事务的所有权或控制权，限制资金的支付方式，为某些公司设立专门的出口区，会通过许多有区别的规则和法律。当然这些问题对于证券投资就不太重要，因为证券投资不牵涉任何直接的管理控制。

当国际资本流动突然停止时

在生活中，我们都有类似的经验，有些事情只可以缓慢地降速，如果突然停止，可能会引发很大的伤害。比如，当你乘坐火车或汽车旅行，在将要到达目的地时，车子需要慢慢减速。如果突然刹车，就容易发生大事故，人们可能会受伤。一位名叫道格拉斯·亚当斯的英国作家写过："跳楼的时候，'啊——'的时候还没死，'啪！'那才是死了。"这种突然停止就很有可能成为国际金融市场中的一个问题。

很多国家不断地有资金流入和流出，有些与货物和服务的进出口有关，有些与外国直接投资和证券投资有关。大多数时候，人们不会真正去注意这一点，它发生在银行、金融公司或涉及国际贸易的大公司的幕后。

但是，如果国际金融资本流入突然停止了呢？这种突然停止可能会导致全国性的金融危机和许多经济问题。

我们先来看国际资本流动的潜在好处。第一个好处是如果要参与全球贸易，国际资本流动是必要的。毕竟，国际贸易涉及到金融资本流向另一个国家，涉及到参与外汇市场，如果想参与国际贸易，至少在某些方面也必须参与国际金融市场。第二个好处是国际资本流动可以给经济落后的国家提供资金。一些国家将有比本国储蓄更多的投资机会，因此，外国资本的流入有助于提高经济增长率。这一点在世界各地都能看到，例如，20世纪60年代资本流入韩国，有助于为韩国后来的经济增长提供资金支持。

这里暗示了一个常见的信息：金融资本通常应该从高收入国

家流向低收入国家。比如，德国或英国随着时间推移现在更倾向于海外净投资，但我要补充一点，对于中国来说，从国外获得资金并不是一个大问题，毕竟中国的贸易顺差很大。中国的高储蓄率可以支撑自己所需要的资金，因此，中国不像其他国家一样迫切地需要国外投资。

国际资本流动的第三个好处与中国更相关，那就是风险分担和多元化投资。我提到过投资最重要的经验之一，就是不要把所有的鸡蛋都放在一个篮子里，即不要把所有的投资都放在同一种可能出错的情况里。

如果你把所有的积蓄都投资于一家公司，并且预计每年有7%的回报，一旦这家公司表现不佳，你可能会失去一切。但如果你发现100家不同的公司，都预计有7%的回报，一些公司可能会表现得很好，一些公司可能会碰巧表现很差，大多数情况下可能达到平均回报率。所以，如果你进行多元化投资，更有可能得到7%的回报，同样的经验适用于整个经济体。

想象一个小国家，严重依赖某些行业，比如出口铜或咖啡，或者本国的旅游业。如果完全投资于自己的国家，那么会有很多风险，因为本国的国民经济可能会增长也可能会下降，所以在其他国家做一些金融投资以分散风险是有必要的。这对于较大的经济体也很必要，因为所有国家经历经济衰退的时期不同，经济增长有快有慢，各国面临的风险也不同。因此，如果你是一个投资者，通过投资不同的国家分散投资也是很有必要的。世界各国人民都有投资本国的倾向，也就是说，如果本国有问题，他们也没有分散投资。经济学家和投资顾问称之为"本国偏见"（home bias）。

目前中国潜在的投资收益巨大。正如我之前提到的，中国过去在其他国家的证券投资中并不活跃，这意味着，中国的投资者没有那么多的机会通过其他国家的证券投资来实现投资的多元化，其他国家的人也没有那么多的机会通过投资中国实现多元化投资。不过，想要解决这个问题也有个方法，如果你在中国，你可以尝试更多地投资于那些在中国以外市场销售和获得利润占很大份额的中国公司。

这给了你一种投资于其他国家的方式。国际金融流动的最终收获是，它们可以帮助一个国家建立更加明智的金融监管机构。任何有国际金融资本流动的国家都会遇到来自外国投资者、外国公司经理人和外国银行的许多问题，他们非常关注金融法规和机构中的所有细节。他们会问问题，他们会提要求，这样经常互动会完善金融监管制度，在某些方面，国际金融资本的实际流入和流出在帮助建立更好的金融机构和监管方面的作用可能非常重要。

考虑到这些好处，突然停止会出什么问题呢？举一个土耳其的例子，大约2005年以来，土耳其经济很多年中都出现了巨额贸易逆差，巨额的概念是贸易赤字占国内生产总值的5%，甚至某些年份里更多。与此同时，土耳其政府一直存在巨额预算赤字，借了很多钱，而土耳其的国内储蓄率并不高，年复一年，国际金融资本大量流入土耳其。

这不一定是件坏事，你可以想象，如果这些国际资本的流入被明智地做了投资，那么这部分投资就可以提高土耳其人民的教育和健康水平，它们可以给公司提供更多的物质资本，或者获得更好的技术或管理技能。但如果土耳其经济表现不佳，土耳其很难偿还所有这些外国投资，那么一系列负面的事情就开始发生了。

一些国际投资者说，我们认为土耳其经济不会运行得很好，所以不再想在那里投资。他们不想投资土耳其，就不想购买土耳其的货币里拉，里拉就变疲软了，事实上，土耳其里拉在2018年头8个月里贬值了大约40%。当货币开始贬值时，更多的外国投资者停止投资。货币汇率下跌看起来不是好事，但请记住，许多土耳其与许多其他国家的国际贷款是用其他货币的形式撤出的，他们是以美元或欧元的形式提供的借款，因此，当里拉贬值时，就很难偿还以其他货币借入的债务，如美元或欧元等。

这里还涉及展期风险（rollover risk）的问题，也就是说许多像政府和公司一样的借款人有个共同点，当他们需要偿还借款时，他们会做所谓的贷款展期，这意味着他们会借更多的钱，然后用这笔钱还清之前的贷款，展期贷款没有什么问题，它不会让你的债务增加，它只是将债务时间进一步延长。

但是如果你已经习惯了展期贷款，会发生什么呢？你已经反复地延期，突然没人愿意借钱给你了，你还没有准备好应对这种现实，那一刻，你无法偿还贷款，这就是突然停止的情形。作为一个经济体，你依赖的是国际资本的流入，但资本流入突然停止了，你不能偿还已经借来的钱，你不能再借钱了，银行破产了，没有钱可贷，许多大公司损失惨重，他们不能投资，也许他们甚至不能付给工人工资，政府也不能借钱，没有足够的国内储蓄，外国投资者也不感兴趣。

这可能是整个经济体的大事故。这种突然停止的情形，这种大量贸易赤字、高借贷率，然后外国投资者撤离、货币贬值、银行不能偿还贷款的一系列事件组合在一起的情况，不时在世界各地发生。这基本上是导致我之前提到的1997年和1998年的亚洲金融和经济危机的原因。进入21世纪，这种情况在俄罗斯、阿根廷、希腊等国家都发生过。很多你听说过的关于一个国家无力偿还债务的故事，都与没有国际经济救援和本国经济的深度衰退有关。

如果你仔细分析，会发现以上情形基本上都与国际资金流动的突然停止有关。那么当碰到国际资本流动停止时，能做些什么呢？让我们从发生之前和发生之后两个角度来讨论。在发生之前，很重要的一点就是建立更好的国内金融监管，如果一个经济体的金融监管者能让银行考虑什么情况可能有出错的风险，如果汇率突然变化会发生什么情况，那么他们就可以制定计划来降低这些风险并持有外汇储备。

这可以减少国际资金流动突然停止造成巨大金融动荡的风险。在政府层面，政府也可以持有更大的外汇储备。事实上，这就是中国在1997年和1998年亚洲金融危机之后，开始建立大量美元储备的主要原因。许多其他国家也这样做，印度、巴西、俄罗斯甚至非洲的许多国家都有很大的外汇储备。拥有巨额外汇储备的优势在于，如果外国投资者决定离开你的国家，并开始抛售你们国家的货币，那么中央银行就可以使用外汇储备回购自己的货币。

这可以让外国投资者放心、缓解恐慌，并有助于防止货币汇率急剧下降。一些国家也尝试了资本管制，限制资本流入和流出。如果这样做得太激进，这个国家就会错过国际贸易和国际资金流动的好处。但在某些情况下，可以限制外国证券投资流入，外国证券投资不是长期承诺的投资。

因此，一些公司或一些国家可能会限制从国外借款的种类。他们可能会限制国际资金流入债券和股票的国内市场，逻辑很简单，如果你限制证券投资的数量，那么当投资撤出的时候，你也就不会那么脆弱，最后，如果真出了问题，还有国际货币基金组织（IMF）。国际货币基金组织就是国际投资中的最后贷款人，在这种情况下，它可以单独介入，帮助外国投资者不必急于退出。

国际货币基金组织面临的问题是，它们只在情况相当严重的时候才会出现，就像2018年夏天土耳其出现的情况一样，在放贷之前，国际货币基金组织通常会设定一些条件，比如要求各国采取措施减少借贷，捍卫自己对外国资本流入的依赖。因此，国际货币基金组织既是必要的，又因为有其限制条件同时也不太受欢迎。很明显，中国不用担心什么时候会有国际资金突然停止的情况发生，中国并不依赖金融资本的持续流入。但随着中国越来越多地参与世界经济，中国经济体量越来越庞大，中国会像美国和欧盟一样，发现当一个国家出现问题时，对金融的恐慌和担忧是会在全世界范围内蔓延的，需要各国共同参与，共同寻找答案。

世贸组织和中国成员国身份

想象这样一个场景：有一群人正在讨论晚餐吃什么，点菜的时候，每个人的意见都必须达成一致，否则就不能点这道菜，大家也就吃不到这道菜。如果吃饭的人数较少，也许只有两三个人，这就很容易达成共识，但如果问题复杂一点，比如菜单上有10种不同的菜肴，而吃饭前必须就每一种菜肴都达成共识，那就更难了。

但在只有两三个人吃饭的情况下，你还可以尽可能去协调，比如你选第一道菜，我想选第二道菜，那我完全可以让步一下，选择你所选择的菜肴。现在，让我们把问题变得更复杂些。规则不变，还是10道菜，但人员不是两三个人，而是160个，需要他们都同意，才能点那一道菜，这就得看每个人都有多坚持了。

这时候，就可能会出现这样一种情况，在每个人都非常饿的时候更容易达成共识。这让我想起了世界贸易组织，也就是

WTO。很多人听到世界贸易组织这个词时，会想到一个巨大的机构，可能是办公室遍布全世界，有数以万计的员工，如果你这样认为，那就错了。

世界贸易组织总部在瑞士日内瓦，有160多个成员国，在全球贸易政策的10多个不同领域达成协议之前，它们都需要达成一致。每个国家为本国的贸易谈判代表和团队支付费用。世界贸易组织始于1947年，其主要权力在于提供了一个机构和场所，供各国的贸易谈判人员开会讨论议题。

那时候，它被称为关税和贸易总协定，在英语中经常被简称为GATT，也就是关贸总协定。当时的会员国总数是23个，大多数是世界上的高收入国家，而且实际上这个组织所有的活动只围绕一个焦点，那就是降低关税。他们举行一轮轮会谈，每轮谈判持续大约一年，到20世纪60年代初，已经有5轮不同的谈判，所有谈判都有几十个国家致力于降低关税。

然而，20世纪60年代，有更多的国家加入关贸总协定，围绕的话题也越来越多。到20世纪60年代中期，世界贸易组织有60多个国家，20世纪80年代中期，世界贸易组织有120多个国家，现在有超过160个国家。所以，谈判变得越来越困难，花费的时间也越来越长。有了更多的成员国，谈判内容不再局限于关税，还有其他涉及专利和知识产权的非关税壁垒、食品安全规则或反倾销机制等话题。他们实际上启动了一种机制，各国可以提出申诉，并生成解决争端的方法，所有这些都需要很长的时间。乌拉圭回合谈判始于1986年，到1995年谈判结束时花了9年时间。也就是在这之后，关税和贸易总协定正式更名为世界贸易组织，当时的WTO确实非常成功。在20世纪50年代，平均来看，进口关税大约是40%，而现在只有不到4%，这是一个很大的变化。

最新一轮的世界贸易组织谈判被称为多哈回合谈判，因为多哈谈判是2001年在卡塔尔首都多哈开始的，超过160个成员国在谈论不同的贸易规则。例如农业、服务、市场准入、知识产权、外国投资、竞争政策、政府购买政策、争端解决、贸易和环境问题、电子商务、小规模经济规则、债务和金融、技术转让以及落后国家应有的特别规定，等等。

迄今为止，这些谈判已经取得了重大进展。我提到自20世纪40年代末，从关税和贸易总协定开始，关税就开始急剧下降。在关贸总协定下有一个基本原则，叫作非歧视，有时也被称为最惠国待遇。这意味着，如果你要削减关税，你就需要为你所有的贸易伙伴都削减关税，而不仅仅只是为一个或几个。世界贸易组织有一个解决争端的论坛，如果一个国家做了似乎违反规则的事情，那么世界贸易组织的一个小组就可以宣布制裁它。

一般来说，如果世界贸易组织决定去反对一个国家的做法，这就证明这些国家的行为已经有了某种偏差。一般而言，这种做法有助于避免世界上不同的国家执行不同的贸易规则。讲到这里，我问你一个问题，为什么一个国家会加入世界贸易组织这样的协议呢？经济学家有时会问这样一个问题：如果自由和开放的贸易对经济有好处，那么你为什么需要签署一些协议呢？

如果自由开放的贸易对经济不好，那你为什么还是要签署协议呢？听起来，如果贸易是好的，国际贸易协议没必要，如果贸易不好，国际贸易协议也没有必要，无论哪种情况，都不需要这个协议。实际上大多数国家选择加入贸易协定的原因与政治相关，而不是和经济相关。比如国内产业正面临来自进口的激烈竞争，你可以想象一下这种情况，近几十年来，日本钢铁制造商、韩国钢铁制造商和如今的中国钢铁企业，正在让美国的钢铁企业经历激烈的竞争。

当一个行业陷入困境时，政治上就会有必须帮助该行业的压力。政客们似乎往往会用一种简单的方式来帮助一个行业，他们用保护主义政策来限制进口，不用担心一系列更复杂的事情，如更好的工人培训和资本投资、研究和开发、帮助解决运输问题、能源和通信基础设施建设等等。但实际情况是，如果这个压力出现了，你的国家已经签署了一个国际贸易协定，那么如果有这个行业或任何国家的其他行业开始抱怨国际贸易中有什么问题，政治家们可以说，我们愿意帮助你，但我们签署了这个条约，我们真的没办法。

他们也可以说，这似乎是不公平的，所以我们要向世界贸易组织提出抗议，而不是自己通过一些保护主义的法律手段。在许多方面，贸易协定改变了贸易的政治动态及其运作方式。例如，在任何一个国家，有许多公司从国际贸易中间接受益，包括出口商，还有使用全球供应链作为生产过程的一部分公司，以及那些可以购买种类更多、价格更便宜产品的消费者。

所有这些人都会赞成允许更多自由贸易的协议。因此，如果公司想要政府出台更多的贸易保护政策，那么政客们可以用这些支持贸易协定的行业和人民来回击公司，这些人不想看到贸易协议被破坏。换言之，在国际贸易协定下，贸易保护主义不可能发生，国家想做的事，时对时错，但它确实改变了政治天平，加强了自由贸易，并减弱了保护主义。

我前面已经多次指出，中国于2001年加入世界贸易组织后，出口激增，中国贸易顺差额急剧上升，在2007年达到顶峰。但如果看一下2007年后的中国贸易，商品和服务出口占国内生产总值的比例又下降了，现在又回到了2001年中国加入世界贸易组织之前的水平，中国的贸易顺差也在2007年之后回落。那么，如果出口占国内生产总值的份额真的不会发生很大变化，为什么还要加入世界贸易组织？

关于这个问题，我见过的最好的解释之一，来自于曾在1997年到2003年期间担任中国商务部副部长的龙永图，他也是中国加入世界贸易组织的主要谈判代表之一。龙永图几年前在一个采访中提到过关于加入世贸组织的话题，他说世贸组织对中国的好处不是增加贸易量，最重要的是贸易协定加速了中国内部改革。当时，中国所有的进出口都被几十家国有贸易公司和部委垄断。

一旦中国接受了世界贸易组织的条款，成千上万的中国企业就开始从事进出口业务。你可以直接与美国人、欧洲人和所有亚洲人进行贸易，这大大加快了中国进出口贸易额的增长。早在2001年，中国政府在决定谁可以进口、谁可以出口以及允许定价方面扮演了重要角色，关于哪些公司可以进行国际交易是有规定的，这些公司需要有特别许可证，我们基本上是根据进口配额来进口的。

即使允许贸易，也有许多各种各样的非关税贸易壁垒。中国总体上同意降低关税，减少这些贸易壁垒，它允许中国政府改变对进出口的严格控制，并且允许一些外资直接投资于以前被禁止的部分，尤其是一些服务业，如金融、电信行业。当然，这其中也夹杂着很多贸易争端。但是，在这里我只想强调，中国加入世界贸易组织是中国表达自己的经济前途将与世界其他地区的经济紧密相连的一种方式。在某种程度上，中国已经认识到了一个事实，即世界上所有高收入的国家，他们都在积极参与国际贸易和金融市场，无一例外。因此，随着中国从低收入国家向中等收入国家转变，并希望向高收入国家迈进，中国也需要参与全球市场。

07
企业与市场

为什么既得利益者不喜欢竞争

从这一章开始，我将带你学习另一个经济学领域，微观经济学。

微观经济学研究的是人和企业的经济决策，是个人关于消费、工作和储蓄的决策，以及厂商关于生产什么、如何生产、收取什么价格等等的决策。微观经济学分析这些决策的结果以及它们的运作方式。我们从一个非常具体的，被经济学家称之为"完全竞争"的概念说起。

让我们从竞争的基本概念开始谈起，某个市场上有一群卖家争先恐后地想把自己的产品卖给消费者，而任何想要购买产品的消费者都可以自由地选择不同的卖家和不同的产品。

　　但经济学家想要讨论不同类型的竞争，并解释各种竞争都是什么样子的。所以刚开始我们专注于解释完全竞争这一种特定的竞争状态。完全竞争指的是市场中的许多小厂商都生产完全相同的产品，市场上有着不同的卖家，消费者其实并不关心他们是谁，毕竟这些卖家的产品都是一样的，理性消费者关心的是怎样能够获得最便宜的价格。这是纯粹的价格竞争，因为商品都是一模一样的。

　　那么处在完全竞争市场中的厂商会是什么样子的呢？想象一下，如果你经营的厂商处在一个完全竞争的市场中，与许多其他的小生产商一样生产的是同样的产品，消费者只会找最低价购买。你需要怎么表现呢？在考虑这个问题时还有几点需要注意，首先，完全竞争的厂商必须是市场价格的接受者，这个价格是由市场的供求决定的。

　　在这个市场，你只是众多的小生产商之一。如果你想抬高点价格，哪怕只是抬高几毛钱，甚至1分钱，你就会失去所有的顾客。所以你的厂商必须接受市场价格，你的定价不能高于市场的建议价格，在这样的市场里，你只能强调削减生产成本和尽可能提高生产效率，而不能靠提高价格来赚取利润。

　　你唯一的办法就是降低成本。当然，所有其他厂商也都争着去降低成本，你还要比其他厂商更快地降低成本。所以这样的市场中，尽可能提高效率和尽可能降低成本的压力很大，在这个完全竞争的市场中，市场价格也真的非常接近生产成本。你要记住，在这样的市场中，没有任何厂商可以提高价格，因为这样做的话，它们会失去所有的顾客。但每个厂商的目的都是尽可能地去抢占市场。

因此，这种尽可能地降低成本、获得市场的竞争会导致所有的厂商都尽可能地降低成本，并导致所有厂商的定价只比生产成本高一点点。如果整个行业都是这种情况，短期内某些厂商还可以盈利，但过一段时间之后就会发生有新厂商"进入"的状况，这里经济学家所说的"进入"，指的是一个厂商进入新的业务领域，即开始生产或提供某一特定市场上原有产品或服务的充分替代品。

因此，这种"进入"意味着市场上有更多的供应商，而且价格会被压得更低，直到厂商无法获得大的利润。如果该行业的厂商正在亏损，一些厂商将停业并离开该行业，这就会减少供应，当供应下降时，剩下的厂商就可以提高价格。因此时间一长，这种不断有企业"进入"市场或"退出"市场的状况会让行业很难维持利润。

完全竞争的行业都有哪些例子呢？这个问题很巧妙，因为"完全"这个词有隐含的意思，在我们现实世界里，没有什么是完全绝对的，市场上的竞争也不是绝对的。所以我们说"完全竞争"实际上描述的是一种非常极端的情况，但确实也有和完全竞争类似的情况，比如说常见的农民种植的大米等大宗产品市场。

市场上有很多农民在努力提高自己的生产效率，他们必须接受市场的任何定价——当人们购买大米的时候，并不在乎它是哪个农民种的。还有一些基本产品的例子，比如为工厂制造螺丝或螺栓的厂商，这些行业通常有许多小生产商制造非常相似的产品，使用这些产品的人同样不太在乎是谁制造的螺丝或螺栓，他们只关心这些小东西的价格是否能更便宜。

某些基本的计算机芯片，生产商相当多，各厂商的价格都差不多，而且厂商是根据价格来卖的，这种情况也类似于完全竞争。另外，基于该电脑芯片的任何特别用途而销售的例子都不能算是完全竞争，因为产品不相同，外在不一样，还有很多我们能想到的地方都不一样，比如卖家的可靠性、质量和信誉的不一样。但我想强调的是，完全竞争确实是纯粹的价格竞争。

关注这些会有用吗？打个比方，在重力的作用下，如何算出物体会以多快的速度从空中落下。解这道关于物体在重力作用下下降速度的题时，你不必考虑空气中的摩擦力，比如羽毛比其他物体下落得要慢。

上学时为了简化问题，我们会忽略摩擦力，这当然不是实际情况，但只是个起点。某些物体比如计算石头往下落的重力时，忽略摩擦力没有太大区别。在某种程度上，完全竞争就和忽略摩擦力一样。一个行业总是有一群可以"进入"和"退出"的小厂商，越多的厂商是价格接受者，这就越接近于完全竞争的环境，也就说明这是一个没有任何"摩擦力"的经济体。

完全竞争的概念可以帮助我们分析实际市场。

有时候你会听到人们说："你知道，经济学家真的很愚蠢。他们认为，实际经济中只有一小部分小厂商销售相同的产品，这显然是错误的。"我不得不告诉你，这种说法混淆了几个问题。这样说的人没有真正研究过经济学知识。没有任何经济学家认为完全竞争普遍存在于现实的经济生活中。既然完全竞争不反映现实经济情况，那为什么每门基础经济学课程都会出现这个概念呢？为什么我们要从学习完全竞争的概念开始来讨论微观经济学呢？

原因是它能帮我们分析不同类型的竞争和可能出现的不同问题。比如，你在一个完全竞争的市场里经营着一家厂商，你会怎么做？你可能会说："我不想卖一种大家都在卖的产品。我想销售与众不同的产品，也就是经济学家认为的差异化产品。"

或者你可能会说，"我不想待在一个完全竞争的市场，我想成为一个大生产商，一个真正的大厂商，这样我可以赚更多的钱。"我们需要分析为什么市场上只有少数几家或一家大厂商的原因。有哪些障碍会阻止其他厂商"进入"市场？厂商在这种情况下会如何反应？在后文中，我们将讨论所有不同的竞争类型。但是现在，我们先从相对简单易懂的"完全竞争"入手，再过渡到其他类型的竞争。我们首先谈论的是小厂商制造相同的产品的完全竞争，与之对立的极端情况是完全垄断，即单个厂商拥有在特定市场上所有或几乎所有的市场。介于这两个极端之间的情况是垄断竞争和寡头垄断。垄断竞争指的是许多厂商销售差异化的产品，寡头垄断指的是少数大厂商在特定市场上拥有大部分或全部的销售额。

这四种不同的竞争虽然不包含所有的竞争模式，但也是现实生活中大部分竞争情况的反映。我们从完全竞争讲起，是因为它能帮助我们理解所有不同形式的竞争，比如其中的利益和可能存在的利弊关系。当然，微观经济学不止这些内容，这只是很小的一部分。

垄断竞争市场：小规模生产者生产同一种产品的经济

离我居住的明尼苏达州不远，有一个很大的购物中心叫作美国购物中心。它不是国有商场也不是政府经营的购物中心，它只是被人们命名为"美国购物中心"的大型购物场所，是美国最大的购物中心之一。

购物中心的地下部分有一个水族馆，里面有500多条鲨鱼和成千上万条其他种类的鱼。在购物中心的中间位置有一个室内游乐场，有过山车等游乐设施。游乐场四周有4层商店。如果绕商场的一层走一圈，大约有两公里，占地面积没有北京四环路附近的金源时代购物中心和东莞的新华南购物中心那么大，但对我们来说，"美国购物中心"仍然非常大。

这类购物中心里存在很多竞争，它们卖的产品很相似但不完全相同。例如，餐厅卖的都是食品，虽然种类各不相同。服装店很多，种类也都不一样。我做过一个统计：美国购物中心有60家不同的服装店同时卖男装和女装，29家店只卖女装，19家店向女性出售特定的服装，比如孕妇装专卖店。

很明显这些服装店都在互相竞争，但他们不卖相同的商品。这种竞争被称为垄断竞争。

垄断竞争是指有许多小公司通过销售差异化产品进行竞争。这个定义的一部分是指在很多公司之间进行的竞争，这一点和完全竞争一样，只是它们不销售相同的产品。再想想，商场里许多不同的服装店之间在竞争，但它们不卖同样的产品，商场里所有的餐厅都卖吃的，但不是同样的吃的。再想一想，产品可以在很多方面有所区别。以服装为例，风格、面料、色彩可以不同，对许多产品也一样，某些特征可以有区别。

但我们也可以要求产品的其他特性，比如不粘毛或容易清洗，或容易拿取，或持久耐用，或是性感。这些术语谈论的都是产品的差异化，甚至人们对产品的感知也可能有差异。

进行市场营销研究，经常邀请人们品尝不同生产商生产的某种产品，但必须蒙着眼睛品尝。也许是啤酒、咖啡、冰淇淋或汽水之类的东西。事实证明，如果人们被蒙住眼睛，他们往往无法分辨产品有何差异。但如果看到公司的标签，就突然有了强烈的偏好。产品差异可以是位置不同，一些商店可能正好位于主干道或火车站旁边，或者人流多的地方，另外的商店可能位置不好，这可能导致他们销售的产品也不同。

差异化也可以是未来服务的承诺。你可以保证产品的质量或提供免费送货服务，或者不喜欢的话就选择退货退款服务，还能想出很多不同的方式。这并不是说价格差异不重要，我的观点是不再谈论纯粹的价格竞争，不再只看价格，而是看相同的产品除价格外的其他综合因素。如果购买者考虑的是价格和品质的综合因素，卖家知道这一点也会做出相应调整。

垄断竞争这个词是怎么来的呢？1933年，两位相当著名的经济学家出版了关于垄断竞争这个概念的书，一位是英国剑桥大学的经济学家琼·罗宾逊，另一位是美国哈佛大学的经济学家爱德华·张伯伦。

设想在一个大型购物中心里有一家服装店——当然，这个购物中心还有很多其他商店，这家商店没有垄断服装销售，但它确实有点垄断性地销售特定款式和种类的服装，也就是说，这家服装店是这种与众不同的产品唯一的卖家，它必须与其他各有特色的服装店竞争。因此，垄断竞争可以被认为是非常具体的、微小的垄断竞争。这就引出了一个问题，企业在垄断竞争的市场中该怎么办？

一个完全竞争的公司是一个价格接受者，垄断竞争的公司不是价格的接受者。这说明什么呢？比如说你有不同的产品，你如何决定价格？你可以做个试验：如果把价格定得很低，你就赚不到多少钱。但如果把价格定得很高，那买家可能会到其他卖家那里购买，所以你可以试着提高一点点价格，结果就会有所不同了。

你不会像完全竞争一样失去所有的顾客，你不是价格的接受者，但你会失去一部分客户，他们会到其他服装店或其他餐馆消费。所以你必须问问自己，提高价格后获得的额外收入是否比低价销售收入减少的收入要多一些？如果更多，那么也许你会再稍微提高一点价格，你再问自己，从提高价格后获得的额外收入是否比从低价销售减少的收入要多一些？如果价格提高到一定程度，就不会再多了。

反之也一样。假设你定了价，也许你把价格降低一点点，降下来看看会发生什么，低价意味着你赚得更少，但是也许低价会吸引更多的顾客，增加销售额，如果从中获益，你会想进一步降低价格。当然，你可以通过观察市场上的其他垄断竞争者正在做什么，来试着算出你该怎么定价。

我们在前文学习过需求弹性，也就是一个产品价格变化时需求量的变化。一家公司可以试着定更高或更低的价，通过这样做垄断竞争企业可以计算出其产品的需求弹性，并对该信息做出反应。垄断竞争公司能赚取高额利润吗？从短期来看，答案是肯定的，但从长远来看，答案是否定的。想象一下，有一种新的服装款式，很多人都想买那种款式的衣服，因此，垄断竞争公司将在一段时间内大幅提高其价格，因为该服装非常受欢迎，即使价格较高，需求量也不会下降很多。

因此，公司可以在一段时间内定高价，赚取高额利润。但时间一长，如果这种款式的服装流行，其他厂家将开始模仿它，只是做一些小的变化，一些生产者会更便宜地卖出，另一些厂家会构思下一个流行的风格。所以用我们以前使用过的术语，如果一个公司赚取高额利润，就会吸引其他公司的进入，它们进入市场后将增加整体供应量，市场上供应量多将意味着对每个人而言更低的价格和更低的利润。

这反过来也一样。比如某个购物中心里许多服装店正在赔钱，其中一些倒闭了，那就意味着购物中心的竞争会减少。在那个购物中心里服装的供应量减少，那些剩下的商店稍微提高价格，直到他们不再亏损。因此如果一个垄断竞争的公司想要长时间获得利润，它就需要不断地推出新的差异化产品，这很难做到。

毕竟，不能保证当你想出一个差异化产品的新点子时，人们会真的想买它。比如说，你的新服装款式可能不会受欢迎。但是所有垄断竞争的公司都在竞相推出差异化产品以获得短期优势，这给我们带来了很多不同的产品和创新的概念。垄断竞争激励公司发现趋势、弄清人们的需求、尝试提供不同风格、不同外表和不同特征的产品。比如美国有一家名叫芭斯罗缤冰激凌公司卖不同口味的冰激凌，他们在中国有很多分店。买冰激凌时大多数人喜欢有多种口味可供选择，但提供几种选择好呢？

请记住，额外的选择和产品差异化是公司至少一段时间内提高价格的方式。如果没有太多的选择，那么低价竞争压力就会更大。如果你有很多差异化的产品，价格往往会更低。所以这里出现了一个有利有弊的情况，更多的品种也意味着更高的价格，这就提出了一个很大的难题。

市场上多少品种是合适的呢？这个问题经济学家们也没有好答案。一方面品种多人们更开心，另一方面品种多人们花的钱也多。这里我要说一个品种多、选择多的问题，如果品种多买家很难做出明智的选择，也许卖家可以用许多的选择来迷惑买家，让大家不知道自己的真正需求，也就不会到处寻找更低的价格了。

另一个问题就是，产品差异化和品种多样化只是简单的多一种乐趣的事情吗？像冰激凌多个口味，或者衬衫多某种颜色？还是产品差异化真的是某种更重要的创新呢？显然我们可以看到很多创新的例子，比如新型智能手机，但是很多创新都是在些细节上，比如服装的创新，不仅仅在于颜色和外观，还有持久耐用性或颜色持久度，抑或是其防水保暖性。

而要做出具有这些产品特性的服装，我们需要针对不同材料的技术或生产方法，这可能涉及材料科学或机器人技术，或农业技术的改进。因此，垄断竞争在某种程度上有利于新技术的推广，人们能激励某些新的技术发展。完全竞争是一个理论上的概念，只有少数几个真实的市场看起来像完全竞争和纯粹的价格竞争，很多现实的行业就是垄断竞争。

为什么总是大公司主宰互联网

我们考虑一个经济问题时，有时候会先考虑一个事实情况，然后再试着解释这个情况。对于互联网行业，我们看到的现实情况是：在中国由阿里巴巴和腾讯这些大公司占统治地位，在美国由谷歌、亚马逊、脸书这些巨头占统治地位，为什么两个国家都是由这些大公司主宰互联网呢？这只是巧合吗？毕竟创办一家公司并建立一个网页并不难。还有什么其他的进入壁垒，会让小公司难以进入互联网市场，让小公司难以成长为大公司呢？

让我们看一些进入壁垒的例子。一些大公司之所以在互联网行业占据主导地位，其中一个原因涉及到网络经济。设想一下，你发明了第一部电话，解决了所有的技术问题，但在那一刻电话还没有任何价值，因为你刚发明的电话，却没有可打的人。当有20人、100人或1万人有电话的时候，电话的价值就会高多了，因为有可以打电话的人了。当你可以给任何人打电话或谈生意时，这个价值就会变得相当高。对于某些商品来说，商品的价值是由使用相同商品的人数规模决定的。想象一下，如果某些小公司开发出某些新的电话技术，也许看起来很好，但是技术上却是完全独立的系统，无法与现有的电话系统兼容。

你甚至可以想象，这些新电话技术比现有电话技术更方便和节能。但是如果不能将它接入现有的电话网络，网络效应将让推广这种新技术变得很困难。大的互联网公司就是一种网络，我们选择阿里巴巴、百度或腾讯的一个原因就是其他人似乎也用它们，这些公司被称为平台公司。与刚刚说的网络经济含义稍有不同，它们不仅是一些把人们连接在一起的网络，也为那些供应商和消费者提供了一个平台。

我们看阿里巴巴的电子商务模式就很容易理解这一点。平台上有买家和卖家。为什么这么多买家都用阿里巴巴呢？因为上面有很多卖家。为什么这么多卖家去阿里巴巴呢？因为上面的买家太多了。阿里巴巴是一个平台。同样的，为什么这么多人用微信提供内容呢？因为微信可以让每个人都很容易看到。为什么大家都在微信上寻找内容呢？因为每个人都把内容放在上面，所以微信是一个内容提供者和需求者的平台。

我想强调的是，如果已经存在一个平台公司，其他同类型公司就很难进入这个行业。比如说有人成立了一个公司与阿里巴巴竞争，技术差不多，但问题是谁去那里购物呢？谁去那里卖东西呢？所以这个算是一个进入壁垒，限制了别人建立同类公司或在竞争能力方面限制了同类公司的发展和壮大。

接下来让我们继续讨论互联网经济的竞争源头。阿里巴巴、百度和腾讯当然都很大，但也有一些相当大的公司与它们竞争。比如网易，它经营很多电子商务活动和网络游戏；58同城，它发布很多本地招聘、房地产、汽车和其他物品的广告；陌陌，它是一个基于移动互联网的社交网络和娱乐平台；京东商城，它销售某些特定的商品，并有自己的物流服务；搜狗，它提供互联网搜索服务。所以互联网行业的竞争也许比我们最初想象的更激烈。

我想说的是网络经济和平台市场是现实存在的，它们在某种程度上让别的公司进入这些市场更困难，但显然无法阻止别人进入。你确实会看到新公司的出现，但在某些情况下，某些行业新公司的数量在下降。

这出现了两种情况：第一种，新互联网公司尝试不同的方式来扩展自己的业务，比如阿里巴巴不只做电子商务，它有独立的C2C、B2C和B2B业务的平台，也有电子支付渠道支付宝；百度不只做互联网搜索，它也做电子支付、互联网电视、电子地图、新闻服务等，腾讯不仅有微信，还有财付通以及各种社交媒体、音乐和其他服务。因此，即使在这些大公司之间，也可以有提供不同种类的服务的竞争。

另一个情况有时被称为多平台。你不仅需要使用一家公司作为平台，很多人为了不同的目的会使用不同的公司。所以很多人同时用不同的公司平台，比如为了某一特定目的他们更喜欢用某个平台，不同的时候他们可以在不同平台之间来回切换，这给较小的公司提供了进入行业的机会，也使得大公司之间的竞争成为可能。而从政府的角度来看，他们担心互联网市场是否存在足够的竞争，这意味着什么呢？

政府是否应该采取措施限制大型互联网公司发展或拆分这些公司呢？这就涉及限制或拆分大型互联网公司的问题。很明显，如果某个行业拥有阿里巴巴、百度和腾讯以及许多刚刚提到的这些大公司，为什么要改变这种状况呢？对某个经济体而言，有成功的大公司是件好事，对吗？但是经济学家看待任何问题都是一分为二的。

当然，能投资成功的大公司是很好的事，在成功的大公司里成为雇员或管理者也很不错，但对整个社会来说，大公司确实有利有弊。比如这种情况下，消费者可能无法享受到最高的性价比。你会疑惑这些互联网公司的服务是否成本最低、服务最有效？服务质量是否高？但如果没有多少市场竞争，大家需要担心消费者无法享受到最高性价比的服务和产品。

还有一个问题是如果长期缺乏市场竞争，持续投资和改善服务的动机也会缺乏。正如著名经济学家约翰·理查德·希克斯所说的，"最好的垄断利润就是过平静的生活"。这些公司是在过平静的生活还是在发展呢？如果一家大公司不断有效地提高产品质量，不断以消费者利益为准就没有什么问题。但是如果每一个小公司都会带来更好的行业创新会怎么样呢？大公司是收购那家小公司，阻止它的发展，还是防止它与自己竞争呢？

如果现有的大公司，因为其在市场上庞大的规模而妨碍了消费者了解到新的竞争者，或者甚至很难获得更优质的服务，那又该怎么办呢？这样你就不会想当然地认为，仅仅是因为一个公司很大、利润很高就一定对整体经济和消费者有好处。美国拆分大公司的历史比中国要久远，之前也提到过一些美国的著名大公司的例子，其中包括20世纪20年代到20世纪70年代美国主要的垄断电话公司AT&T。

　　这家公司利润丰厚，员工众多，但人们认为它阻碍了市场竞争，于是美国政府起诉该公司为垄断企业，并在1984年把它拆分成许多小型的本地和长途电话公司。这鼓励了新的电话公司的成立。电话行业是网络产业，但整个行业不应该由一家公司运营，你可以共享互联网和局域网，之后的情况是打电话的成本低很多，而且行业也出现了很多创新。

　　再举一个例子，20世纪60年代和70年代的全球经济中，国际商业机器公司IBM占据了计算机公司的统治地位，IBM雇员多、利润高，但美国政府起诉该公司妨碍了计算机市场的竞争，并想拆分IBM公司。最终美国政府1982年输掉了这场官司，但导致此后IBM更专注在研发制造大型计算机领域，也导致20世纪80年代台式机和笔记本快速发展了起来。少了IBM的巨大影响，苹果、戴尔等新电脑公司快速发展起来，进入市场竞争，这有助于提高美国电脑市场竞争力。

　　第三个例子是微软，微软也是个雇员多、利润高的大公司，美国政府起诉微软限制了市场竞争，说微软在计算机操作系统中有近乎垄断的地位，微软的规模导致其他公司的互联网浏览器无法与之竞争。

　　2001年微软败诉，并同意微软不再以垄断的方式运营，这正是谷歌和脸书等公司在美国迅速崛起的时候，但微软的发展却受到了限制。当然有成功的大公司对于经济来说是件好事，但是大公司并非经济政策的实际目标。相反，经济政策的目标是以最低的成本、最高的效率提供商品和服务，投资于未来更高的生产率和创新，并促进新产品的研发和经济的增长。

有时候，现有的大公司实现了这个目标，这是好事，但有时候很多大公司却着急地寻找减少市场竞争的方法，以保持自身的高利润，这就不是好事了。这时候政府的角色就是约束这些公司的行为，甚至在某些情况下，要把大公司拆分成小型的、独立的公司，来维持经济中的更多竞争。

国企和私企目标有何不同

中国的国有经济在整体经济中所占份额比世界上任何其他大型经济体都要大。中国经济也是世界上规模最大的由国有企业向民营企业转变的例子。这是两个听起来对立，实际上都正确的观点。

正如一句英语谚语所说的："有时候，如果你向人们展示一杯已经半满的水，有些人会说杯子是半满的，而另一些人会说杯子是半空的。"这两种说法都是正确的。

让我们从中国国有企业的现状入手。如果回到以前，大多数生活在城市的人都在国有企业工作。之后，一批批国有企业转制为私营企业，私营企业也获得了巨大的发展。如果要问中国有多少国有企业，事实是这个问题比你想象的要难回答，因为企业没有明确的界限，一些国有企业会在证券交易所交易自己的股票，这让它们看起来也像私企。

有些大国有企业拥有许多小企业，你无法确定这是个大型国企还是小企业；有些国企拥有私企的部分股票，有些私企拥有国企的部分股票；有些私企既有一个私企的董事会，还有一个国企的董事会，所以私企国企很不好分。但普遍估计，中国私有企业贡献了60%以上的国内生产总值，而国企贡献了30%左右，或者根据分工稍有不同。中国私有企业约占就业总人数的85%，国有企业约占就业总人数的15%。

当然，纵观中国经济领域，某些领域的国有企业比其他领域更多。比如国家支柱性产业的国企就很多，普通产业私企比较多，支柱性产业包括国防、电力、石油和天然气、煤炭等以能源为基础的产业，以及航空、铁路、电信等行业。

这些领域和行业的销售额中80%是国有企业贡献的。中国的主要银行也是国有性质，还有一些支柱行业大约有一半或一小半的销售额来自国有企业，其余的来自私有企业。这些行业包括汽车工业、化工、建筑、电子、设备、制造业、钢铁和技术公司。普通产业领域，绝大多数的销售来自私有企业，这些行业包括农业、不含高科技的一般制造业、房地产、投资、旅游、零售、法律等专业服务。

私有企业和国有企业都有销售收入，都需要顾客购买他们的商品或服务，私企和国企都有劳动力，租用或购买厂房、机器和设备，投资技术等方面的成本。对于私有企业和国有企业来说，如果成本小于收入，那么公司就会有利润。

另一方面，如果成本大于收入，无论是私有企业还是国有企业都是亏损的。这里没有高深的经济理论，只是个算术问题。私企和国企都应该遵守政府的环保法律。私企和国企都可以发行股票，它们可以由董事会雇用经理人管理。那么这两种公司形式的实际差异是什么呢？

如果一家私有企业亏损，审计人员会编制财务报表来显示公司的损失状况，然后媒体投资顾问进行讨论，股票价格将下跌，投资者不愿买公司的股票，这种信号代表公司出了差错，于是这家公司就很难通过银行或发行债券来筹资。还有信用评级机构会对公司进行信用评级，表明风险越来越大，导致银行很难发放贷款给公司，或者会以更高的利率贷款。在公司控制权市场上，如果股票价格下降，公司需要资金，那么你可能会让外部投资者或其他公司购买公司的全部或部分股份，然后他们也许会考虑解雇现有的董事会和经理层重整公司。但对于一个国有企业，尤其是一个在支柱行业中已经得到认可的公司，这些监督者的机制可能不一样。

比如政府持有公司大部分股份，政府不愿看到股价下跌，也不能对股价下跌置之不顾，毕竟政府是国有企业的最终所有者。还有一个更大也是更重要的区别是，如果一个国有企业亏损，国有企业获得资金来弥补这些损失的能力比私有企业更强，如果损失越来越大，国有企业不断获得借款的可能性也比私有企业大。

如果主要银行也属于国企性质，而且它们只能向亏损企业放贷，那么情况就尤其如此。不过，如果国企愿意，通过出售债券也能筹到资，毕竟投资者可能会认为政府肯定会帮助国有企业扭亏为盈。因此，在中国，投资者认为购买国有企业的债券基本上就像购买政府直接发行的债券一样安全，无论如何都不会亏损。

需要明确的是，国有企业完全可以支付成本，获得利润，并高效地运营公司及提供商品和服务。但这样做存在风险，如果一家国有企业亏损，可能会产生过度借贷。中国政府多年来已经多次认识到这个问题，并且多次在全国讨论中提出过这个问题。

例如，就在几年前的2015年9月，国务院发布了一份关于国有企业的报告。其中强调，许多国企运作不良，借贷过多，需要对其所有权和经营方式进行改革。2017年7月的全国金融工作会议指出一些国有企业的负债很高，而且在不断上升，解决这个问题是中国最重要的金融改革任务之一。

回顾我们之前讨论过的经济系统中的金融风险问题，过去的10年来，中国经济的借贷总额大幅增长，其中大部分增长不是中央政府的，也不是家庭的，而是企业借贷。而企业借贷最多的就是给亏损的国有企业的借款。如果回顾一下10年来的实际情况，比较一下私有企业与国有企业就会发现，平均而言，中国私营企业的利润大幅上升。

另外，国有企业的平均利润大幅下降，但向那些国有企业的贷款却大幅上升。所有这些都指向僵尸公司的风险。僵尸在英文中指的是死亡后又从坟墓里走回来的人，有时被称为"不死生物"。但僵尸这个概念应用到经济学和公司的情况有点不同。想象一下，你有一家公司连续几年都在亏损，而公司唯一可以活下去的方式是从银行或政府那里获取资金，即获得贷款，但公司的经营情况可能很难偿还贷款，这种公司就是僵尸公司。例如，中国国务院将僵尸公司定义为连续亏损3年及以上、环境和技术不达标、不符合国家产业政策、严重依赖政府或银行支持的公司，如今僵尸公司在全球普遍存在，我曾经读过一篇研究报告，研究包括了美国、日本和欧洲各国在内的14个高收入经济体的僵尸公司。

但僵尸公司的问题在中国目前尤为重要。为什么一个经济体里有大的僵尸公司是件坏事呢？僵尸恐怖电影中，僵尸攻击人类，吃人或喝人类的血。而僵尸公司年复一年地获得稳定的金融资金，而这些金融资本流入僵尸公司就意味着其他公司再收回资金。想象一下，如果有一家公司，可能有很多投资项目，有些项目有利润，有些项目会有亏损，但如果那家公司年复一年地不断地把资金投向不良的投资项目，那这家公司随着时间的推移也不会经营得很好。

一个国家的经济也是如此。如果继续向僵尸公司提供大量的资金，整个国家的经济会随着时间的推移出现问题。而且还会发生相关的问题，比如你经营一家小企业，可能是一家餐馆，附近有另一家餐馆，它不如你的餐馆好，但它的所有者非常富有，不介意赔钱，所以年复一年，那家餐馆一直在赔钱，而你本来能有的生意却被这家餐馆抢走了，所以你也在不断地赔钱，因为那家餐馆一直不倒闭。

如果和一个僵尸公司在同一个行业里竞争，自己也会遭殃。总而言之，健康发展的经济是不断把劳动力和投资等资源从生产力较低的地区转移到生产力较高的地区。一份由4位经济学家（其中两位来自中国）为国际货币基金组织撰写的研究报告评估，合理处理僵尸公司的问题，仅这一项就能使中国的长期增长率每年增加1%。之前我们也说过，每年1%的增长已经是很大的收益了。

私营企业是经济之王吗

当我提到有一种船，不是马达船，也不是帆船，而是用手划的船，有些人可能会联想到2000年前，古希腊和古罗马人使用的那种两边有桨的船，或者1500多年前的中国明朝使用的又长又窄的每边大约20名船夫的蜈蚣船。

当然，大多数朋友想到划桨的船都不会想到几千年前，而是会想到每年的端午节，也就是龙舟节。中国划船比赛的历史传统可以追溯到战国时期。赛龙舟时，一条船上的船夫们必须以相同的节奏划桨，而不能随心所欲地划。

所以他们需要通过敲鼓或喊号子等方法来保持节奏。那么是谁来掌控这艘船呢？是努力挥桨的船夫，还是那些敲鼓喊号子的人呢？经济学中有一句老话，当谈到政府在经济中的作用时，会说："政府应该驾驭方向，而不是奋力划桨。"你可以想到大多数国家的私营企业是由出力的船夫推动船前进。你可以想像所有的工人和消费者、储蓄者和投资者是一个经济体中的船夫，而政府在敲鼓喊号子把握方向。

过去几十年来世界上最大的经济转变之一，就是从国有企业转向私营企业。

在20世纪80年代初，英国电信（英国国家电话公司）、英国天然气公司（英国国家天然气公司）、英国钢铁公司（英国国家钢铁公司）、国家自来水公司、国家电力公司、英国航空航天公司（后更名为英国航空公司，一家航空公司和英国机场运营管理机构），还有很多石油行业的公司，比如在英国附近的北海寻找石油的英国石油公司和政府拥有大量股票的、进行石油勘探和开发的英国石化公司等都是国有企业。

在20世纪80年代早期，这些公司和其他国有企业大约占英国国内生产总值的10%，但是在20世纪80年代末，这些公司被私有化。进行公司私有化的不仅仅是英国，还有欧洲西部的所有国家。事实上，当时全球有100多个国家的政府卖掉了国有企业。

20世纪90年代后期，被卖给世界私人投资者和公司的国有企业每年的销售额大约有1000亿美元，差不多是6000亿元人民币。现在世界各地企业都在私有化。大部分大额交易在拉丁美洲。

在某些情况下，国有企业变成了僵尸公司，年复一年地亏损，从政府或国有银行获得越来越多的贷款，阻碍了其他公司的良性运营。有些国有企业腐败不堪，大部分利润被经理人或者少数政治家侵吞，并非真正专注于为客户提供商品和服务。

在20世纪80年代和90年代，世界各国都存在这个重大问题。中国国有企业转制的例子最明显，中国国有企业多，转向私营企业的时间要比很多其他国家长。随着时间的推移，中国国有企业在中国经济总量中所占的比例逐渐缩小，在中国就业总量中所占比例逐渐缩小。我认为中国的经历让世界各国认识到，政府只需管理少数几家公司，更多情况是只需要当好舵手，而不是船夫，这样经济会运行更好，发展也更好。

那么，中国和其他国家的国有企业转制方式有哪些？中国领导人已经多次表示，国有企业对中国的经济很重要，在某些领域对国家非常重要。

中国领导人还多次表示，国有企业必须高效平稳地运行，并应尽可能面对竞争压力。因此，中国目前面临的挑战是如何将现代公司治理与政府领导结合起来，既要提高效率促进增长，又能实现中国国家发展目标。该怎么做呢？中国已经摒弃了过去其他国家只是把公司卖给私人投资者的做法，也不关闭这些公司。下面就让我来讲讲其中的一些具体做法。

第一种是合并一些国有企业，举个例子，如果有家国有企业经营得非常好，效率很高，可能会让这家公司接管其他企业。这有点像公司控制权市场，但不是外部公司引进新的管理团队，而是政府自己引进新的管理团队。当然，某些情况下这是可行的，但不是所有情况下都可行。如果合并两个僵尸公司，除非实质上有变化，否则只会变成更大的僵尸公司。

第二种方法是逐步淘汰国有企业的社会职能。早在20世纪80年代到90年代，中国国有企业提供各种社会服务：住房、医疗保健，还有为退休老人提供教育支持等。因此，必须让国有企业的职能转变为专注于提供商品和服务，让其他种类的政府项目和其他政府开支，集中解决国有企业该解决的社会问题，并减少不必要的支出。

第三种方法是，把一个拥有很多小公司的大型控股国企拆分成若干小公司，每个部分为一个单独的公司。这些公司可能被卖给投资者，政府有时会卖给一个由公司现有经理领导的投资集团，或者把它合并到另一家公司。还有一个方法是，关闭部分亏损的大型国有企业。

比如一家大型国企有50个工厂，其中一些工厂生产效率高，销售收入比成本高得多，而另一些工厂老旧或污染严重，生产效率不高，销售收入低于成本。这些老旧的工厂可能会被关闭。中国各地都在尝试让国有企业的员工或经理人拥有公司的股票。

有观点认为只要员工持股，就会有动力工作，因为他们拥有公司的一部分。美国和欧洲部分地区也经常尝试这样做。还有一种办法是引进其他投资者，包括来自中国的国内私营企业，或是外国潜在投资企业，特别是像旅游、医疗、电力、能源和公共事业等一些领域近年来已经向私有资金和外国投资开放。另一个方法是鼓励国有企业进入国际市场。

如果国有企业无法进入国际市场，也许代表公司效率和生产力落后；如果能在国际市场上成功，那么就不需要政府的大力支持，甚至可能吸引私营企业的投资者。在评估国有企业的业绩时，中国政府还采取了另一个方法：看国有企业的规模是否正在增长。但现在中国评估得更细：比如要看公司为什么在成长。如果公司只是因为常年借贷而增长，那么可能需要更仔细地调查，而不是鼓励国有企业的高管仅仅为了做大而贷款，应该鼓励盈利，然后利用这些利润中的一部分来偿还他们过去的贷款。另一种折中的办法是鼓励国有企业从公司贷款中拿出一部分，看看是否能和贷款人做笔交易。贷款人可能会免除公司债务，但获得公司股份，所以公司不必归还贷款。

最后一个方法是，鼓励国有企业停止对不盈利的旧行业投资，将投资转向利润较高的新兴行业。比如一些建设项目中附加的基础设施支出过于轻易和简单，有时会导致建筑材料的浪费，在这种情况下，最好将投资资金集中在其他领域。

这些情况中国都有，当然不是同时、同地。某些公司、地区、行业的做法不一，但总的来说，中国政府的目标显然是让国有企业更健康或关闭时负债别太高，尽可能让这些企业面对更多的竞争和效率压力，同时还要满足国家的发展目标。重点在于，政府的目标远大并不总是意味着政府工作人员或国有企业必须直接做这项工作。

08
市场不运转

自由市场并不能给创新足够奖励

如果有更多的企业参与竞争，你认为竞争会引起更多的技术进步和创新吗？

看起来答案似乎是肯定的，但如果仔细想想，答案会更复杂。问题在于，当同时需要市场和创新时，激励也会相互冲突。比如一家公司花很多钱投资一个项目开发新技术，投资项目失败了，于是该公司的回报率将低于竞争对手，这个失败甚至会让公司破产。

但如果项目成功了呢？在一个完全自由和竞争的市场中，如果没有任何限制，公司的竞争者就会窃取这个创意，他们会偷着用这个创意。如此一来，创新型公司在开发这种新技术或新产品时花的费用就会增加，但如果其他人仿效和模仿这个创意，该公司不会获得明显的收益，或者获得收益的时间很短。

因此，即使一个成功的创新型公司最终得到的回报率可能也比竞争对手更低，因为竞争者不用支付创新的成本，甚至，开发新创意的公司可能会被挤出市场。所以问题来了，在竞争激烈的市场中，如果一家公司大量投资新技术，但失败了，公司就更糟糕了；如果一家公司投资一项新技术并取得成功，但随后这项新技术很快被竞争公司盗用了，那这家公司结果也会很糟。

这表明，如果我们希望企业投资研发新技术，只有企业间的竞争本身可能不够，相反，我们需要做些什么让公司有投资的动机。这就涉及专有性的问题。经济学家提到的专有性，指的是生产者能从投资或发明中获得多少利益。没有专有性，企业就不会投资于新产品，因为他们无法获得合理的回报率。你也许会说，积极投资于任何技术的公司会让它获得专有收益，但如果收益无法为公司专有，那公司就不会那么感兴趣了。我举几个美国发明史上的例子，来说明公司考虑他们是否能从发明中获得专有收益时，可能出现的一些问题。

第一个例子，让我们回到两个多世纪前的18世纪80年代和90年代，这时美国已经脱离了英国。当时有一位名叫伊莱·惠特尼的美国发明家，他有很多发明，如钉子生产机和拐杖制造机等。他发现自己生活的美国南部当时种植规模最大的作物是棉花，但棉花并不是很赚钱。原因是他那个地区种植的棉花里面有很多种子，需要用许多工人，花很长时间手工拔出所有的种子，惠特尼投资并发明了一种从棉花中拔出种子的机器，它由刷子、钩子和线制成，称为轧棉机。"机"这个字实际上指的是引擎。轧棉机工作效率很高，一个人用轧棉机从棉花中拔种子的速度大概和40~50个人手工拔种子速度一样快。

所以伊莱·惠特尼申请了发明专利，并获得了专利。那么他应该能够获得专有收益吧？可事情并非如此，其他人看到这个发明那么高效有用后就很快盗用了，有些只是做了些小改动。当惠特尼在法庭上控告窃取者们时，法官说："我不认为每个人都应该向伊莱·惠特尼付钱，毕竟机器是他们自己生产的。"惠特尼曾说："发明对于发明者来说，既珍贵却又没有价值。"之后，他再也没花时间申请别的发明专利了。

我们也能想到一些现代社会相同的例子。一家制药公司发明了某种疗效显著的新药，它能帮助很多人，挽救很多生命。这家公司可能会从这种药里赚到很多钱，但还有一种可能是，这种药被盗版后卖到世界各地，而公司并不能获得专有收益。

让我们再举一个例子，激光的发明者，美国发明家戈登·古尔德，他1957年提出了激光的基本原理，他确信自己的想法是正确的。1957年11月，在他的研究笔记本上做了记录，签了日期，证明了他产生这个想法的时间。然而，古尔德不太熟悉专利知识，他认为需要找到激光的应用方法后才能获得专利。但并非如此，在美国，你可以给一个想法申请专利，而不需要制造出机器。等到古尔德申请专利时，其他科学家也知道了激光，他们也申请专利，于是大家就激光的专利所有权归属进行了一场漫长的法律战。古尔德被迫花很多钱请律师，直到20年后的1977年，他才获得了激光的专利，成了一个非常富有的人。

随着时间的推移，激光的使用范围越来越广，例如，在医学上，它可以用于各种手术、割肿瘤，可以用于精密测量和航海仪器，可以用于激光打印机，在纺织和金属加工工业中激光可以用作切削工具，激光还使得信息通过光纤电缆传输，使电信和计算机网络发生了根本的变革。

发明家想出了一个创意并得到收益，但事情从来就不是那么简单。就像激光一样，应用此项发明的新产品可能需要很长时间才被制造出来。发明经常是一群人的共同想法，早在20世纪50年代，在美国和欧洲，就有许多科学家在研究激光的概念。有时人们只是口头把某种想法说了出来，许多人对激光的概念有所帮助但并没有得到任何特别的好处。

一旦激光被发明出来，仅有激光的想法还不够。还需要想出很多商业应用，例如，我们需要发明光纤电缆把激光应用于电信行业。所以人们很难从像激光这样的基本概念创新中获得专有收益，必须与许多其他发明结合起来，才能成为人们需要的产品。所以我认为，即使有如专利这种保护发明的方法，但对于发明者而言，很难获得专有收益。

谈到发明，肯定会谈到研究和开发，你经常听到人们说研发，有时候研究的经济动机并不好，因为很难获得专有收益，而能激励人们更好地开发某种产品的动力是它更有可能带来直接的利益。这里涉及技术的外部性这一概念。它指在买卖双方之间，买方和卖方之间进行市场交换，该交易外部的第三方受到的影响，比如污染就是负外部性影响。

但在思考外部性时，技术恰恰与污染相反。从污染的角度考虑，那些在交易外部，不参与购买或销售的人在承担污染成本；从技术的角度考虑，那些在发明产品的公司和产品的购买者之外的人是受益者，因为这项技术得到传播并被其他人使用。正外部性意味着经济行为者正在为第三方提供利益，而且第三方不用对这些利益付出成本。但是也因为发明者没有得到足够的利益补偿，相比本该有的创新动力，发明者的创新动力也会变少。

我们可以从私人成本、社会成本和利益的角度来解释这一点。比如污染，问题源于商品或服务的生产者，只考虑私人成本，而不需要考虑社会成本，因此导致了他们对产生的污染听之任之。比如技术，问题源于涉及新技术的商品或服务的生产者只关注直接销售的收入，不考虑技术更广泛的应用会产生的社会效益，没有考虑到其他人也能受益，毕竟发明者不能独享这些利益，所以发明者没有更多的动力投入发明创造。

这就是为什么从经济的角度来看，更多专利技术投资和对降低污染的专有投资水平分属对立的概念。如果是负外部性的情况，我们的目标是找到一种让他们考虑和支付污染的社会成本的方法。如果是正外部性的情况，我们的目标是资助和帮助那些对社会效益的增加有创新贡献的人们，让他们得到专门的支持和补偿。

企业创新要踩对点

当你想到所有权的时候，通常想到的是某种商品和服务，商品就比如买房子或买碗面条，服务就比如乘火车或理发之类。如果对某样东西有所有权，就说明自己拥有某个商品或服务。这也就是说，法律上，这是你的财产，你是所有人，其他人不许随便动你的东西。

但是新技术和创新是一种概念，不是商品或服务，你能对一个想法拥有所有权吗？这个想法能否成为你的财产呢？在经济学中这也叫知识产权。这个问题存在很久了，很多人感觉这是个哲学问题而非经济学问题。深究起来，知识产权这个概念很久之前就有了，大约在250年前，1769年的一篇书评抱怨说，这本书的作者是在盗用别人的知识产权，也就是抄袭了其他书。

我不知道人是否能对某个想法拥有所有权，但在经济学上，人可以拥有使用和销售这个想法的权利。

世界上所有国家都有专利、商标、版权和商业机密。事实上，世界各地的法律条款通常也很类似，类似的问题有许多国际条约，来统一要求各个国家尊重他人的知识产权。

专利是最常规的一种保护知识产权方式。专利是政府授予的，在特定的、有限的时间内，使用某种发明的专有法律权利。专利持有人可以在自己经营的企业中直接使用某项发明专利，或者把某个发明专利卖给其他人。

现代中国的专利法可以追溯到20世纪80年代，它是由国家知识产权局制订的。2018年8月，中国国家知识产权局更名为"中国知识产权局"。中国有三类专利，第一类是发明专利，是为了保护一些非常大型而且重要的发明，如新产品或新的制造方法。想获得这种专利，你就得说服专利局认可你的想法确实是全新的、与众不同的、史无前例的，这一点很难做到，过程相当复杂。但如果你真的说服了专利局，你就可以得到发明专利，有效期20年。第二类是实用型专利，指的是小一些的发明，如对现有产品的改进，它仍需要是全新的，但更容易申请和获得，有效期10年。第三类设计专利主要用于保护产品的外观，而不是用来保护产品的功能和制造方法。这更容易申请和获得，有效期也只有10年。

第二种知识产权保护方式是商标，是指某些商品或服务使用的某些词语、名称或符号，这能帮助销售商建立品牌声誉。商标可以是航空公司的名字。麦当劳快餐连锁店就是全球最著名的例子。麦当劳在全球大约有35000家连锁店，美国大约有一半，中国也有几千家麦当劳。

麦当劳餐厅的名字和名字旁边的金色拱门象征就是商标，某个公司可以对自己使用的商标进行不断更新。商标的主要好处是方便广大的消费者，比如某种商品打上了某个标签，我们就能知道是谁做的、质量如何。如果我们想吃快餐，看到麦当劳的标志，基本就能知道里面能吃到什么。无论如何，这些都方便我们获得有效信息。商标可以通过中国商标局申请获得，中国商标局是刚刚说到的中国知识产权局的一部分。

第三种知识产权保护方式是著作权保护。著作权是防止对原创作品盗版的一种法律保护，包括文学作品、音乐作品、地图、绘画及其他类型的作品。在中国，这种著作权保护将终身保护个人作者的权利并直至其逝世后50年。公司的著作权保护在作品出版后50年的时间内有效。法律上而言，版权是在创作过程中产生的，不必申请著作权，但如果作者认为作品可能有些商业价值，多数情况下申请著作权确实是个好主意。可以在中国的版权局，也就是国家版权局登记版权，提供一份官方声明，说明自己真的是作品的原创者。申请了著作权就可以避免争论。

我查到2020年在中国国家版权局有大约500多万件作品登记。近年来，版权问题涉及计算机软件。某种程度上，计算机软件就像一本书或小说，是用一种语言，即一种计算机语言，编写出来的。其专利只有20年有效期，而版权保护有50年有效期，要长很多。但是版权不能阻止别人写出类似的作品，比如某人写了本书，主题是不让两人相爱，这不能阻止别人也写类似主题的书。同样的道理，对于软件的版权，它不能阻止人们在同一个大领域做出其他的软件，它只是阻止别人用同一个副本。

最后一个知识产权的保护方式是商业机密。商业机密指的是一家企业的某种公式或信息让他比其他竞争者更有优势，这些作为一个商业秘密，必须被保护起来，企业也会努力来保守这些秘密。最有名的例子是美国的可口可乐配方，不是专利，不是版权，算是公司的商业机密。

商业机密包含某个公司的重要信息、设计或配方等，它不符合专利权申请条件，因为它不是一项新发明。但是如果公司想要避免这些信息曝光，他人绝对不能轻易盗取。许多商业机密案件涉及到某人从一个公司跳槽到另一家公司，他们与后一家一起盗取前一家公司的商业机密。例如，几年前发生在中国的经典案例，著名的辣椒酱品牌老干妈的一名员工盗取了老干妈的配方，然后跳槽到另一家企业生产非常类似的调味品。

这种情况就可以被怀疑为偷窃商业机密。这些不同类型的知识产权保护办法是如何运作的呢？知识产权基本是靠限制竞争来起作用的。前文说过，如果没有知识产权，就得担心自己的发明、商标、新书、新剧本被别人盗版和出售。如果刚开始就担心会被盗版盗用，可能你最初也就不会创新了。

某种程度上，知识产权是政府赋予发明人或创造者使用该发明的一种垄断权力。当其他人有进入壁垒时，就会发生垄断。当生产者控制住进入壁垒，也就有了垄断权，生产者也不必担心直接竞争，生产者就可以收取高价，赚取更高的利润。但是要记住，知识产权保护的目的不是为了让发明家高兴或富有的，而是给予这些发明家的一种激励，激励他们不断创新，造福每个人，而不仅是他们自己。因此从知识产权的保护中获得的垄断不是永久性的。

对于知识产权保护问题的很多细节，人们一直都很有争论，比如说，某些公司发明了某种新药并获得了专利，但是公司必须对人们进行安全测试后才能销售这种药物，这可能需要几年时间来观察药物是否有任何长期的副作用。那么为了弥补测试的时间，这家制药公司是否应该享有更长时间的专利权呢？这是在美国反复争论的问题，相信这些美国发生的版权保护问题很快就会发生在中国，预计2040年会发生，因为中国那些在20世纪90年代得到的为期50年的版权，将在21世纪40年代开始失效。

虽然中国大部分20世纪90年代注册的版权，在21世纪40年代将被人们遗忘，但还会有些人物、小说或歌曲仍会流行。公司会说："我们应该延长版权保护时间。"所以争议总是可能发生的。版权保护应该多久？是否应该根据产品的不同而不同？其实答案各有利弊，问题在于政府想给发明家什么样的激励，因为这是一个长期的目标。

有时候，还会出现另外一个问题，叫作专利灌丛化。专利灌丛化指的是一个公司获得大量专利来制造某种产品，它不断地申请获得新专利，所以实际上它的专利保护永远不会停止。美国施乐公司就是一个经典的案例，它几十年前发明了复印机，20世纪70年代初，施乐就在复印机的所有不同部位拥有了1700多项专

利，因为每一次施乐公司在机器上做了一点小小的改进，就申请
一项新的改进专利。

20世纪70年代初，美国政府表示施乐公司想要保持永久的垄
断地位，而不是暂时垄断，在以这种方式滥用专利权。所以政府
要求施乐公司允许其他公司使用其专利，并为竞争对手提供未来
获得某些专利的机会。结果不言而喻，美国市场上马上出现了大
量复印机公司进入市场，加入竞争。这种做法往往对消费者是有
利的，今天我们仍然存在同样的担忧，因为许多高科技电子产品
可能依赖于许多不同的专利。

如果某个生产商总是获得新的专利，就可能出现专利灌丛
化的情况，并阻碍其他公司进入市场。所以我们再次明确，专利
保护的最终目的不是为了让创新的人开心，也不是让他们变得富
有，而是鼓励人们不断创新，以提高整体的经济生活水平。新的
创新往往是建立在旧的创新之上的，如果给了现在的发明家太多
的权力，就会阻碍后来的发明家。因此，我们需要随时调整专
利、版权和商标保护的内容。

全球的整体趋势是，随着国家的发展，相应的经济体中越
来越多的企业将依赖知识产权保护，越来越多的公司将拥有专利
权、版权、商标权和商业机密。相应的知识产权法使用频率会越
来越高，因此，随着国家的发展，人们往往更担心知识产权的保
护问题，近几十年来，这种情况已经在中国发生了，且未来还会
一直存在。

中国技术发展的路线图

世界上最高的山峰珠穆朗玛峰有8800多米高，是中国和尼泊尔的天然国界线，我曾去那里徒步旅行过，在徒步旅行时，有一种感觉很有趣。

当你回头看走过的路时，你觉得自己已经走了很久，也很长了，当你抬头看着要在天黑前赶到的下一个山头时，还是觉得很远，远得不可思议。中国的经济增长路线一直就像是在爬一座陡峭的高山，当你回顾20世纪70年代末中国改革开放初期的情景，如今中国的经济已经取得了显著进步。

但如果中国想继续保持比全球平均水平更快的增长，继续追赶并达到高收入水平，还有很长的路要走。中国追赶的下一个目标是什么样的呢？我们知道，中国未来的增长不会像过去那样，中国已经爬上了那座山峰，不再以农业经济和低工资为主，并成为全球经济的一部分。

因此，随着中国在新的道路上向前推进，它将更加重视技术、服务和信息产业。中国政府称中国经济的目标是达到山顶，努力在2050年成为世界级的创新者。下面我们将讨论中国发展的三步骤：第一步是成为世界级创新者，国家需要着眼于许多领域的新技术发展。第二步是思考新技术如何在整个经济中传播。第三步是思考如何处理新技术出现时经济的错位和脱节问题。

先来说第一步。前面我们谈到了中国知识产权法律的发展，但美国和欧洲的研究发现，即使有专利、版权、商标和商业机密法，创新型公司通常也只获得了其创新经济价值1/3左右的收益。

许多剩余价值都是消费者和企业的竞争对手享用的，竞争对手可能会有新想法并从中受益。所以，还有哪些其他政策可以激励研究、开发和创新呢？通常的做法是通过更多的科技培训、更多的科学家、更多的研究和开发支出增强国家科技能力。中国一直是这样做的，举几个例子，2017年，中国大学毕业生高达800万名，这比20年前高出10倍，是任何一年美国大学毕业生的2倍，当然，美国只有中国人口的1/4。中国实验室科学家总计约150万，比别的国家多。而美国约130万。

欧盟的所有国家共计约170万实验室科学家。当然，中国人口要多得多，所以从比例而言，中国仍有很长的路要走。但很显然，增加从事科研工作人员的数量是未来中国技术发展的一个方面，中国正在实现这一目标。为了培养更多的技术人员，还需要更多的研发支出。

世界各国在新技术上的研发支出有一个类似的标准。比如美国、德国、日本这样的高收入国家，研发支出通常占国内生产总值的2.5%到3%；非洲或南亚部分国家等低收入国家在研发方面的花费不多；大多数中等收入国家花费居中，约占国内生产总值的1%。

尽管中国仍然是一个中等收入国家，但其在研发上的支出更像一个高收入国家，占国内生产总值的比例超过2%。没有美国、德国和日本那么高，但与法国和加拿大非常接近。其中一些是用于政府研究机构的研发支出。举个例子，我曾参观过上海的同步辐射光源工程，这是一种粒子加速器，其工作原理是有一股微小的粒子流被击落在长长的管子里，通过磁力加速。然后粒子流被分成两半，一半绕着储存环的右边，另一半绕着储存环的左边，两个粒子流相遇并碰撞，将粒子分解成微小的碎片。物理学家可以从研究不同粒子碰撞的结果中学到很多东西，这种研究是对未来科学基本原理的研究，是科学家和经济学家说的基础研究的一个例子。基础研究可能会让商业产品和新产业取得巨大突破，但不是马上就有成果，而且人们也并不知道成果会是什么样的。

所以企业不愿意在基础研究中投入太多，因为商业回报周期太长，太不确定，公司无法确定能否获得专有收益。因此，世界各国普遍是政府直接支持基础研究，一般在研究中心或在大学里进行。世界各国政府也对企业的研发进行补贴，有时会直接向企业发放补贴，有时会以公司税收优惠政策的形式进行激励。

在美国，大约1/10的研发支出都是由政府对私营企业的激励资金提供的。这并不算企业自己在研发方面的支出。在中国，大约1/15的研发经费都是由政府提供给私营企业的。那么，激励技术创新到底有多好呢？当然，这很难衡量，但通常是看已发表的科学论文的数量或授予的专利数量。还有一个问题是，创新的质量怎么把控？

如果一个国家的科学家发表了大量的论文，但大多都是小型的、影响力不大的；某个国家的产品拥有很多专利，但同样，大多数发明都是小规模的、不重要的，该怎么办呢？一种常见的解决方法是查看出现在最著名的期刊上的科学论文，或者经常被其他人或专利引用的研究论文。你不仅可以查看在中国申请的专利，在美国、欧盟和日本申请的专利也能看，这样就可以发现有多少新的专利是参考之前的专利。

由此可以看出中国科技论文在最常被引用的顶级期刊中的出现比例，中国专利不仅在中国申请，还在世界各地的专利机构申请，然后被其他专利引用。我们可以看到，中国正在朝着世界级创新国家的方向迈进，但这种创新能力不可能在短期内增加，需要几十年坚持不懈的努力，所以中国还处于爬山的阶段。

那么，这些新技术如何在整个经济中传播？仅靠发明是不够的。我很喜欢的一位美国小说作家威廉·吉布森曾说过："未来已经在这里，但各地都不同。对未来的想法是一回事，把它们分配到整个经济中广泛使用是另外一回事。"

再举个农业的例子，2018年年初，一个由46名中国农业研究人员组成的小组发表了一项关于中国农业的重大研究结果。他们在10年里与210万农民合作过，他们仔细观察农民种什么以及产量是多少，他们观察灌溉频率、植物的密度，以及种植间距、使用的肥料等所有因素。通过观察其他农民的情况和研究更多的产量案例，他们发现新方法使玉米、稻米和小麦的产量比以往增加大约10%，而肥料和灌溉甚至更少，农民们在土地上花费少了，收益却更多。

接下来，数以万计的地方官员和农业代表深入中国各地，推广新方法，并让其他农民尝试使用这些方法，因为在中国有2亿小农户。换句话说，有新的发现并不够，必须把它传播开来，继而影响人们的生活。这种例子几乎出现在每行每业，几乎在每一个行业都有一个领先的、生产力最好的公司，即超级明星公司。拥有一些顶尖的超级明星公司固然很好，但中等公司或低于平均水平的公司在做什么呢？向这些企业推广新思路和新技术，对促进经济增长也有很大作用。所以不仅要发明创新，还要让其在整个经济中传播开来。还有一个地理问题，世界许多国家都存在某些地区比其他地区经济更发达的情况，以美国为例，长期以来，美国南部地区经济落后，中国东部城市地区普遍比西部农村地区经济增长得更快。

重申一下，经济是一个整体，通过教育、沟通和交通，要将新方法传播到其他地区，所有这些做法都有利于经济增长。最后讲第三步：我们如何处理经济脱节问题。人们总是担心新技术、新的外国竞争或新的国内竞争可能对现有的公司和工作有影响，我们之前的一些课程中也谈到过这一点，如何应对经济变化的错位是美国和欧洲面临的一个重大问题。

但我承认，在中国谈论经济错位的问题有点奇怪。在中国，自过去40年经济体制改革以来，经济错位问题很多，这在世界历史上是史无前例的，中国知道如何适应新的改革和新的变化。中国40年的发展已经表明了这一点。但确实随着经济的增长，某些方面变得不那么灵活，更强大的经济集团正在形成，他们喜欢固有的生产模式，不明白为什么公司必须改变或者工人必须改变，或者为什么人们必须搬到另一个地方、从事不同的工作。

他们喜欢邻居以固有的方式生活，喜欢固定的道路，不想看到更多的建筑。因此，我猜想，随着中国经济的发展，将会有越来越多的人来很好地解释已经发生了的经济变化。如果中国想继续攀登经济发展这座高山，成为一个高收入国家，就将不得不继续像过去一样接受改变。

经济学怎么定义贫穷与不平等

通常人们会将贫困和不平等两个词相提并论，他们会说："我们需要减少贫困和不平等。"听起来，减少贫困和不平等几乎是一回事，但事实上并不是。如果贫穷和不平等几乎是一回事，那么越贫困就应该越不平等，贫困越少，不平等也会越少。

但这在现实世界中并不成立。中国就是最典型的例子。自从1978年改革开放以来，中国的贫困人口已经急剧减少，但同时，中国不平等现象也在加剧。所以明确地说，减少贫困和减少不平等在某种程度上并非一回事，我们有必要先花点时间了解一下它们之间的差别，再深入探讨中国和其他国家如何解决贫困问题以及如何衡量和处理不平等问题。

贫困指的是收入在贫困线以下，而不平等首先意味着收入分配差距。例如，位于贫困线底层的10%人口距中位线有多远，中位线距前10%或1%的高收入人口有远。

设想一下，一个经济体中的每个人的收入增长水平相同，比如都增长了10%，因为收入的增加会把一些刚好在贫困线以下的人拉到收入稍微比贫困线高一些，这种变化会减少贫困。但如果每个人收入都提高，则收入分配上的差距和以前一样，对不平等现象就不会产生影响。

但假设穷人的收入增加了10%，富人的收入增加了10%以上，可能是15%或20%。这样的话，一些刚好在贫困线以下的人被拉到贫困线以上，贫困率会下降，但因为那些高收入者的收入增长更快，所以贫穷减少了，不平等加剧了。还有一些情况，比如因为金融资产的价值，如股票市场，或者财产价值的涨跌而导致富人的收入变化很大。如果发生这种情况，那么富人的收入就会上升或下降，这将影响不平等的情况，但是穷人的收入并不会改变，因为穷人没有金融资产，也没有太多财产，即使贫富差距不断上升和下降，贫困状况也不会改变。当然还有很多不同的例子。通常我们会在政府征税和政府交易之前提到不平等，或者在之后提到贫困，这只是指政府是否正在统计贫困或不平等的比率，看征税和政府交易之前的经济水平，还是看征税和政府交易之后的经济水平。

比如，有一个政府项目，对那些高收入者征收高所得税，然后把所得的收入提供给穷人，如果在税收和交易之前计算贫困和不平等数据，那么根本不会产生影响，但如果在税后和交易后计算，那么这将会减少贫困和不平等。

接下来，我们来讨论一下库兹涅茨曲线、不平等和贫困。西蒙·库兹涅茨这个名字在前文中多次出现过，这位美国的经济学家于1901年出生，1985年逝世，1971年获得诺贝尔经济学奖。

我们在谈到经济和环境时，会用到他的库兹涅茨环境曲线，这个曲线理论认为随着经济从低收入增长到中等收入，污染会增加，但随着经济从中等收入到高收入的持续增长，污染会开始下降。

中国的污染问题确实在加重，中国可能已经开始进入经济增长，污染下降的发展阶段。虽然库兹涅茨环境曲线是为了纪念库兹涅茨而得名，但该理论是在他去世后的20世纪90年代才发展起来的，而我们现在要讨论的是原始的库兹涅茨曲线，它基于西蒙·库兹涅茨1955年发表于一次讲座中的内容。

库兹涅茨认为，随着经济从低收入转移到中等收入，经济不平等将会激增。虽然库兹涅茨在他的讲座中没有把重点放在贫困问题上，但是1955年甚至还没有国际贫困线的概念。显然经济的大幅增长将减少贫困，这就是贫困减少但贫富差距加大的例子。为什么库兹涅茨认为这种经济增长会导致不平等现象的加剧呢？他给出的主要原因是，随着经济的发展，通常有一个从初级农业为重点到以服务和制造业为基础的重大转变，他认为这种转变会增加收入的不平等。

在这些制造业和服务业扩张的地区，工资往往会更高。因此，这些地区的经济活动会减少经济不平等。但是，农业相关工作的报酬往往很平均，而从事制造业和服务业的现代公司的报酬往往浮动很大，因此也会增加经济不平等的程度。但库兹涅茨认为，随着经济持续增长，从农村农业向城市制造业和服务业的转移将放缓。

另外，与加大收入分配差距相反的是，在这些制造业和服务业中，集中了更多的人在同一经济领域工作，然后收入分配变得更加平等，越来越多的人在追求更高的收入水平。总而言之，库兹涅茨曲线是一种预测，预测根据长期的经济发展，首先会看到贫困的减少和不平等的增加，这就是19世纪末和20世纪初发生在美国以及西欧国家的情况，也是过去40年来中国发生的情况。

库兹涅茨预测，随着国家的继续发展，当到达某个点之后，我们将开始看到不平等的减少。这种现象发生在美国和西欧的大部分地区，因为直到20世纪50年代初，库兹涅茨在做讲座时，不平等程度还比较低。但当库兹涅茨1955年写关于增长和不平等的文章时，并没有相关的强有力的数据支持，毕竟，国内生产总值的概念仅在20年前才有。

库兹涅茨在1955年曾说："我敏锐地意识到我提供的可靠信息的优点。"这篇论文可能包含5%的经验和95%的猜测，其中一些还是主观的想法，所以他非常诚实地说只是提出了一些猜测，并非证据。从20世纪70年代末和80年代开始，美国、西欧和其他高收入国家和地区的不平等现象确实开始加剧。

部分原因是，受教育程度高和受教育程度低的工人之间的差距越来越大。发生这种情况可能是因为技术力量或全球化，或者是由于与工人相关的某些规定，如最低工资或其他问题上的变化。我想指出的是，并不能保证随着经济增长，最终会减少不平等。

贫穷与不平等的最终区别在于人们经常以不同的方式来应对它们。绝对贫困问题是显而易见的，有人在挨饿，居无定所，缺乏基本的医疗保健。但却很少看得见人们如何应对更严重的不平等现象。事实上，某些情况下，人们会暂时很高兴看到更多的不平等。为什么会这样呢？一位名叫阿尔伯特·赫希曼的美国经济学家早在1973年就写过一篇叫作《隧道效应》的文章，分析过这个问题。

隧道效应是这样的：想象你驾着一辆车开到一个隧道，你的方向有两条车道。突然遭遇了大堵车，你的车在左边的车道，你坐在车里，车一点也不能动，但是你看到右边车道上的车开始向前行驶，你会感觉怎么样？赫希曼说："即使你的车一点都没动，你还是会很高兴看到其他车道上的车在动，原因是当你看到其他车开动时，你也会有机会开动。但如果长时间地你右手边的车在不停地移动，你却没有，在某些时候你会变得不高兴或生气，你感觉被遗弃了，你希望开始动却没有，即使规定不允许在隧道里换车道，也许为了可以往前走，你也开始试着换车道了。当社会不平等日益加剧时，就会出现类似的状况。在不平等加剧的时候，即使那些没有多少变化的人也不介意不平等加剧，他们认为其他人往前走，他们也会有机会往前走，但最终他们看到自己并没有在前进，类似于自己被困在左车道动不了，但其他人都在前进的状况。所以这种不平等的加剧有不同的影响，这取决于它产生的期望值，取决于人们认为是否最终自己能得到发展，以及这些期望如何实现或是否实现得了。"相信隧道效应对于你思考如何应对不平等的问题会有所启示。

经济学视角看中式扶贫

中国扶贫工作已经颇有成效，但仍有很长的路要走。所以今天我要和你讨论的就是这条路该往哪里走。在美国有一句常见的话，据说是一句中国古谚语，话是这样说的："给人一条鱼，你可以喂饱他们一天；教人怎么捕鱼，就可以喂饱他们一辈子。（授人以鱼不如授人以渔）"

当思考扶贫问题时，经常从以下两个方面来考虑：第一，给穷人提供一条鱼，虽然给他带来了希望，但这是短期的，同样的，给穷人提供食物或金钱，只能短暂地帮助他们。第二，如果能教会一个人捕鱼的技能，这样就能给他们提供长期的帮助，如果能帮助一个穷人找到工作，或者提高他的技能，就能彻底地帮他脱贫。当然，最难的是碰到人们当前就很饿，也很需要住处这样的紧急情况。

扶贫需要多管齐下，既要解决人们的迫切需求，又要长期地让人们脱离贫困，因此将来就不需要时时提供紧急帮助。英语中还有一个说法你可能也听说过：希望贫困的人们能待在一个安全网中，这个安全网能罩着他们，防止他们掉得太远，但他们也不会永远待在安全网里。

在探讨中国和其他国家的扶贫政策前，我们需要先明确经济持续增长的重要性。经济增长是长期扶贫的重要因素，我在这里用数字来解释这一点。中国政府在1980年制定了减少绝对贫困的目标，中国目前已经实现，但1980年中国政府扶贫时没有采取任何政策措施来鼓励经济增长，而是想要通过将高收入者进行重新分配给低收入者的方式，这显然行不通。回到1980年，中等收入和高收入者的数量不多，高薪的企业也不多，所以这种再分配方式在中国无法实现。回望过去40年，你会发现中国贫困人口的减少主要原因是整体经济的增长，而不是中国政府直接将高收入者的收入再分配给低收入者。预计未来，中国更多人口的脱贫将继续与整体经济增长挂钩。美国有一个短语，据说是美国总统约翰·肯尼迪20世纪60年代早期的一次演讲中的话："涨潮会让所有的船都升高。"精简一下也就是"水涨众船高"，这句话的意思是说经济增长能提升每个人的生活水平。听起来似乎有些道理，但并不完全正确。

的确，中国经济的崛起主要改善了贫困问题和人们的生活水平，但事实是，穷人不是船，经济也不是潮汐，所以经济增长并不能让每个人的生活都得到同等的改善，农村和一部分城市人口的生活反而会被落下很远，所以世界各国都有对这些贫困人口提供即时帮助的项目。

中国政府为老百姓提供即时支持的项目之一，也被称为低保政策，类似于最低生活保障计划。低保政策开始于20世纪90年代，起初是在中国不同地区进行的一项试验，2007年成为全国性项目。低保政策的总体思路是，设定一个最低生活标准，很像贫困线但略高于贫困线，如果由于某种原因，人们收入没有达到最低生活标准，政府就会帮助他们达到这个标准。可能是政府直接给补贴，或政府发放实物，比如给农村居民安装太阳能发电机或发放牛等实物，或由政府提供工作。到底有多少人享受了低保政策呢？由于这个项目是在地方层面进行的，全国的数据统计通常需要几年的时间，从几年前的数据来看，低保政策惠及了5000万农村居民和2000万城市居民。

根据某些学术研究报告的结果来看，低保政策成效显著，投入的资金确实减少了赤贫人口的数量，赤贫人口就是极其贫困的人口。尽管低保政策取得了成功，但也面临着挑战，这些也是每个中等收入国家和高收入国家都面临的挑战。比如印尼等其他东亚国家和拉丁美洲等地区都有扶贫项目，而这些问题的答案并不简单，我要说的是，在中等收入国家扶贫是个非常复杂的问题。

首先，怎么确定谁是穷人，谁有资格参与扶贫项目？你可能会说，为什么不根据他们的收入水平来定呢？问题是许多穷人收入很低，没有定期的工资收入，没有银行账户，也没有财务记录供我们参考。中国和世界其他中等收入国家最常见的做法是根据人们的住址，看房屋面积、单个房间的住人数量，地板、墙壁或屋顶的建材种类，家里是否有冰箱、煤气灶或电视机等电器，然后综合所有因素来判断人们是否贫穷、是否需要帮助。你可以理解中等收入国家这样做的原因，也可以看到这样做的问题。这样做其实犯了两个种错误，一是涵盖的范围有误，有人被误认为穷人而享受政府资助；二是排除的范围有误，有些情况下，真正的贫困人口因无法与这些条件匹配而被排除在计划之外。

有一项中国的研究数据表明，从2007年低保在全国推广后，有高于70%的未达到最低生活水平的贫困人口实际上并没有得到帮助，大约一半的扶贫物资帮助的是不符合低保政策的贫困人口，同样也有研究表明，随着时间的推移，扶贫目标和错误率都在不断改善。无论是在中国还是任何其他国家，这样以人们的居住条件来衡量生活水平的做法，永远不会取得完美的结果，全世界的情况通常是被错误的统计为贫困或非贫困人口的比例是30%或更高。这些错误不一定是坏事，因为有些略高于最低生活标准的人，因为被错误统计而得到了帮助，他们也接近贫困了，为这种接近贫困的人提供帮助不是坏事。但如果是远高于贫困标准的人口获得了政府的援助的话，就不是好事了，所以我更担心的是那些低于贫困标准又被排除在援助范围以外的人们。

接下来的问题是，扶贫项目是由地方政府还是中央政府主导。在中国，过去是由地方政府，而不是中央政府决定，这样有利有弊。一方面有徇私舞弊的问题，某些项目负责人的亲属更可能享受到福利。另一方面，由地方决定的优点是更容易接触到实际情况，比如某人住房条件很好，但身体很差没法赚钱，那就有必要为其提供帮助。迄今还不确定是否有地方如何调控中国低保项目相关的研究，但其他国家的农民往往认为地方决策会更公平，也更贴近他们的处境。农民们能清楚地看到谁得到了帮助，知道原因，看到不公平现象也可以投诉。这样做可以让地方政府高效地解决问题，但不便之处是如果地方政府主导，就需要让资金的走向更加透明，而且需要上级部门的监督。

让我们转而研究一下经济学家说的贫困陷阱。举个例子，某个地区的最低生活标准是3000元，你的收入是2000元，如果收入不能再高了，政府会给你补贴到3000元，但如果你可以出去再赚1000元，政府根本就不会给你援助，因为你已经有3000元的收入。所以如果你赚了1000元，你就损失了1000元的政府补贴，做了额外的工作却得不到任何好处，这也被经济学家称为贫困陷阱，就是指某个扶贫项目让穷人因为赚钱而失去了政府补贴。这样做是否降低了他们的工作积极性呢，就好像是给人一条鱼，可能会让人失去学习捕鱼的动力。

这里的关键因素是取消补贴的比例，如果我多赚100元，就损失100元补贴，比例是100%。但如果我多赚100元，只损失20元补贴，那么比例只有20%，这会大大激励我去工作。从理论上讲，低保项目看似100%取消补贴，但在中国农村和城市地区的实际中并非如此，地方政府会做出调整，当有人收入增加时，他们的低保补贴通常只会下降20%左右。当然，补贴减少得越慢，政府也就需要付更多的钱。

最后一个方式是有条件的资金资助。低保计划有时被称为无条件福利，你不需要做任何特别的事来获得资助。但许多国家使用一种称为有条件的资助的方法，让贫困人口获得额外的资助，比如，孩子经常去做健康检查、上学，就会得到资助。这些方式时而有用，时而无效，中国的研究表明有些效果比其他的方式更好，未来，我们肯定会看到更多关于有条件资金资助的研究。

还有其他不以收入体现的扶贫方法，比如政府帮助贫困人口获得良好的教育、卫生保健条件或干净的水源，接通电力、电话和互联网服务，搞好道路基础建设、鼓励大型企业在某个特定区域投资建厂增加就业机会。这些方式没有直接给贫困人口提供收入，但可能会对他们大有帮助。在大多数国家，对直接资助低收入者是有争议的，中国对此当然也有争议，这些争议也有道理。中国在低保政策上的支出大约是GDP的0.2%（即约占GDP的千分之二），这对于通过直接资助来减少赤贫人口数量的中等收入国家而言并不是很多。

家庭收入 5 等分评估：你在哪一等

把世界上所有人按照总资产排列——这里的总资产指的是加上所有的金融资产，比如拥有的公司股权或其他金融投资，以及其他非金融财产，如房产，同时扣除所有负债的余额——重点聚焦排在最前列的人们，他们占世界人口的1%，这其中大约400万为中国人。粗略地算一下，他们的人均资产至少在五六百万人民币。这就是不平等。中国乃至全球其他国家都正面临贫富差距。

如果以经济学家的思维来看，我们不会只说存在不平等（不平等当然存在），而是要衡量不平等的程度，并解释它是如何上升、下降或保持不变的。刚开始是将人口按收入分成几部分，例如，我们根据一个经济体中所有人的收入，把他们分成5群人，这样可以计算出收入最低的1/5人口的收入占总收入的比例，以及收入最高的1/5的人口和其他人群的收入各占总收入的比例。当然，我只是举个例子，你不一定要把人口分5等份，也可以把它分成10份，然后再看每个群体的收入分布。不管采用哪种分法，都可以从中得到前五、前十，或者前1%的人某些年份和其他年份的收入差异。另外，你也可以查处于90%的人，即有10%的人高于这个水平，90%的人低于这个水平。然后再比较居于90%这个点的人的收入和居于收入分配中间的50%，或者10%、20%，直到接近底端的人的收入。你可能会问，90%比10%，或90%比50%，是随时间扩大了还是缩小了？

有一种方法可以把所有这些不同的不等式简化成一个单一的因子，叫作基尼系数。这里不解释基尼系数的精确计算方法，虽然不难，但也需要给大家画图和进行一些数学计算才能理解，我只是想让大家用这种方式思考基本的基尼系数的概念。基尼系数最早是由一位名叫科拉多·基尼的意大利经济学家在1913年提出。基尼系数衡量不平等程度的方法是这样子的：如果一个人的收入占一个经济体中所有收入的100%，这就是不平等的最大值，这是可能的，我们称它为基尼系数100，另一方面，假设每个人在一个经济体中都有相同的收入，这是最大可能的平等，我们称它为基尼系数0。因此，基尼系数将介于0（绝对平均）和100（绝对不平均）之间。

当然，所有的国家都在这两个极端之间。比如说，我们把收入和收入的百分比放在一张图表上。如果收入是完全平均分配的，那么底层1%的人占总收入的1%，底层5%的人占总收入的5%，底层50%的人拥有总收入的50%，以此类推，一直到顶层。如果每个人都有完全相等的份额，这个推算便很正确，你可以把它画出来。问题是，一个经济体的实际收入分配与完全平等有多接近呢？在一个图上，你可以看到完全平等线和实际数据之间的距离，这两条线之间的面积就叫作基尼系数。基尼系数可显示你离完全的平等有多接近，如果完全相等，就是零。离完全平等越远，基尼系数就会越大。

让我们回到中国的不平等问题上。之前提到，在过去的40年里，中国的贫困人口急剧减少，不平等现象也在加剧。出现这样的情况并不令人惊讶。我们已经讨论过库兹涅茨曲线的内涵，许多经济体在增长期间，首先看到的是不平等的增加，然后是下降。经济增长就像涨潮，但不是所有的船都能以同样的幅度上涨。经济增长不像气球，气球是膨胀的，它向各个方向均匀扩张。相反，经济增长往往会在某些地方，某些行业出现，在一段时间内会更快，然后增长会转移到其他地方、其他行业。如果我们回顾1980年，中国的基尼系数大约是30，到了2008年，中国的基尼系数升到了50，之后降到了45。

比较来看，基尼系数30是世界各国不平等的最低值，今天挪威、德国和巴基斯坦的不平等程度接近这个数字，基尼系数50是当今世界范围内最高值，最不平等的地区是拉丁美洲，如像巴西和墨西哥这样的国家基尼系数在50左右。美国的基尼系数约为40，与许多西欧国家相比，这个系数已经相当高了，它比许多拉丁美洲国家低，而中国则处于中间位置。

我们知道，所有的经济统计数据都不完美。我们讨论过GDP数据中的通胀和失业等问题，但"基尼系数"可能会很混乱，因为它们取决于各国如何计算全体人口的收入，而在中等收入和低收入国家，这并不容易做到，所以这些数字只是合理的粗略的指导，并不精确。如果你把中国的收入分配分得更细致一点，看到的是，从1980年到2008年，中国收入最高的10%人口在总收入中所占的比例在迅速上升。而排在前20%人口的份额也在上升。但自2008年以来，进入前10%人口的份额一直在下降。与此同时，在收入分配的中间部分，第四、第五、第六和第七梯队的人增长最快。为了理解这些说法，我们必须记住不平等的含义。总的来说，过去的40年里，中国的人均收入有很大的增长，前10%到20%的人收入增长超过了2008年的平均水平。因此，这些群体在总收入中所占的比例正在上升。自2008年以来，前10%和20%人的收入有所增长，但中等收入者的收入增长更快。因此，流向中间阶层的收入占总收入的比例上升了，而流向顶层的收入占总收入的比例下降了。我们再一次看到，不平等与绝对增长无关。它与一些群体在不同时期的增长速度更快或更慢有关，与经济快速增长发生的地方和原因有关。

让我们再将视野转向全球收入不平等的转变。回到20世纪60年代和70年代早期，中国经济体制改革开始之前，有多少人处在不同的收入水平呢？20世纪60年代，世界上所有低收入国家的贫困人口都来自非洲、南亚（包括印度）、拉丁美洲、东亚（包括中国）。还有一小部分人处于全球收入分配的中间，我们称之为中等收入国家或全球中产阶级。然后是收入分配的上层人群，包括美国，西欧国家和其他国家。20世纪60年代的全球收入分配非常不平等。高收入国家有一组，低收入国家有一组，处在中间的国家却很少，但中国经济的大幅增长改变了这种模式。

中国的例子最显著，其他国家的经济也从低收入发展到中等收入，包括印度、尼日利亚、巴基斯坦和印度尼西亚。看起来，孟加拉国可能即将摆脱低收入国的地位，进入中等收入国家行列。现在不再像以前那样，现在中等收入国家占比最多。

因为中国和其他中等收入国家的经济增长，全球收入分配变得更加平等。这样得出一个简单的观点不容易。如果不太担心不平等问题，这也无关紧要。但我觉得很有趣的是，中国、印度、美国、西欧国家内部的不平等问题越来越严峻，经济快速增长各地不平衡。当然，每个国家具体的情况都不同，它取决于不同国家的政府通过调节个体的税收和收入政策，或影响整体经济收入的政策，来应对不平等的加剧的力度。但总体模式是明确的，世界上很多国家的不平等程度都在加剧，但对于全球经济整体而言，全球不平等程度有所下降。可以说，如果中等收入国家没有从国家不平等中得到好处，没有更快的经济增长率，那么全球不平等就不会下降。

面对收入不平等如何平衡理性

为什么人们的收入不一样？什么是公平？举个例子：两个工人在工厂干一样的活。其中一个人有几年工作经验，活儿干得快，犯的错也少；而另一个人刚开始工作，活儿干得慢，犯的错也多。如果给这两人支付一样的酬劳公不公平？再看一个例子：有两个25岁的工人，有个工人拿到大学文凭后找到了一份工作，而另一名工人初三毕业就辍学了，你认为他们应该获得同样的报酬，还是不一样的报酬呢？又比如，在一个有1000名工人的制造厂里，经理负责所有车间的顺利运行，经理的收入高过其他的员工，这公平吗？还是应该有某种程度上的不一样呢？我不敢说这些问题的答案都很清晰，尽管有时候我们承认某些人就是要比其他人获得更多的报酬，我们也会争论到底应该多多少，这更像个哲学问题而非经济学问题，但是经济学可以分析这里的利益得失。比如，如果大学生得不到更多的收入，人们就不会想上大学；如果经理不能获得更多的收入，人们就不会乐意去提升自己的技能，努力去争取经理一职了。

回到1938年，一个名叫亨利·赛门斯的美国经济学家曾对此有过评述：反对不平等取决于伦理或美学判断，即财富和收入的普遍分配揭示出的某种程度上的不平等，这显然是邪恶或讨人厌的。我想说的是，在某种程度上，你对不平等的感受不仅仅来自经济学。有时候某种不平等你觉得是可以忍的，有一些不平等，像赛门斯说的一样，你会很讨厌。

我们先来谈一谈收入不平等背后的原因。前面所举的例子都是基于某人在某种程度上生产率更高或承担更大的责任，或者比别人担任更难的工作。我认为对于大多数人来说，随着产出、能力和责任的提升，获得更多收入理所应当。如果同意这个观点的话，社会中就会产生某种程度上的不平等了。

这里暗含年龄不同产生的不平等。毕竟，除了一些特例外，工作了10年、20年甚至更长时间的人很可能更有能力、更有责任心，因此他们理应得到更多收入。如果你也认可这个说法，年龄带来的某种不平等就会产生。这里也暗含了收入因你工作内容的不同而不同。经济条件时常发生转变，从而带来收入的变化，因此导致不平等的变化。

举个例子，新的信息、通信技术的运用帮助使用它们的人们生产率倍增，同时让某些人失业。又比如，全球贸易的变化会导致经济的转变。随着经济向具有相对优势的领域转移，而不是向不具有相对优势的领域转移，某些经济领域的工资增长将更快，而其他经济领域的工资可能持平或下降。在这种情况下，你会看到一些人表现得更好或更差，某种程度的不平等并不是自己有特殊的变化，只是世界变了，这种不平等有点麻烦。对很多人来说，当他们想到公平的时候也一样，人们可以理解有某种运气的因素，举个例子，很多人会买彩票，如果有人中了彩票，这看起来并非不公平，因为每个买彩票的人都有机会中奖。或者想象一下这种情况：两个学生一起上学，他们学习相同的科目，得到相同的分数，然后因为不同的想法，他们获得了专利，各自成立了自己的公司，但他们的公司经营情况却天差地别。这里面就有运气的成分。

要强调的是，人们是否有合理公平的机会，对于思考不平等能否被接受很重要。假设有两个人，他们出生时能力相似，但其中一个来自高收入家庭，其家庭可以为他支付很多钱去获得更好的教育和学位，而且这个家庭认识很多在高薪公司工作的人。另一个人出生在低收入家庭，他们上完九年级就没钱上学了，而且他们家只认识低收入的家庭，也不了解低收入工作以外的其他工作机会。

这样两个人的报酬将是不平等的，而我个人认为这是一种讨人厌的不平等。因为这种不平等不是基于他们自己的努力、能力或者冒险精神；它是基于别的因素。这一切都表明，如果不平等伴随着合理的理由，那它就更容易被接受和理解。这样，人们有一些合理的机会做得很好，从而改善他们的经济状况，不会永远被困在较低的收入水平。

现在我要绕一下弯子，谈谈收入不平等和财富不平等的区别。我们知道，收入和财富是不一样的。收入是一个人或家庭在一段时间内的劳动所得，比如你一个月的收入或你一年的收入。财富是一个人拥有的资产总额，包括金融资产，比如银行账户或财富管理基金中的钱，以及非金融资产，比如拥有的房产。为了理解其中的区别，我们可以想象有这样一个人，他年纪比较老了，一生积累了大量的财富，但是他退休了，不再工作了，没有任何工资收入。相反，他们的消费是基于他们的财富和过去的储蓄。另一方面，你可能会想到20多岁或30多岁的工人，他们可能收入很高，但没有很多财富，因为他们还没有足够的时间积累财富。

所以一个普遍的规律是，那些拥有很多财富的人往往上了年纪，这几乎在每个国家都是一个普遍现象。财富不平等比收入不平等现象显著得多，中国也是如此。根据中国国家统计局的数据，收入最高的家庭中的前10%拥有所有收入的1/3。但如果看一下拥有最多财富的家庭，中国最富裕的1%家庭拥有中国所有财富的1/3。换句话说，前1/3的财富由一个小得多的群体持有。

那么，政府的哪些政策可以用来减少不平等？中国政府已经承认了不平等程度的不断加剧，并制定了一项长期减少不平等的目标。例如，早在2001年的"十二五"规划中，国务院就提出要加快形成合理的收入分配格局，尽快扭转收入差距扩大的趋势。正如前文中谈到的那样，收入差距的不断扩大在过去几年开始发生逆转。但如果中国政府想做得更多呢？以下是他们可以采取的一些步骤。首先是税收和转移体系，对高收入人群征收更高的税，然后作为福利用来支持低收入人群。福利支持，我指的不仅仅是现金资助，还有社会保障、医疗、教育、住房，等等。所以我们可以问这样一个问题，税收结合资助转移的办法在多大程度上减少了一个国家的不平等呢？在一个非常重视减少不平等的国家，比如瑞典，税收和转移体系降低了这个国家的不平等基尼系数大约25分。在像美国这样只稍稍强调减少不平等的国家，税收和转移制度将衡量不平等的基尼系数降低了大约15分。而中国的税收和转移体系只减少了大概2%或3%的基尼系数。这项研究基于2013年的数据，有点过时了，但它仍然表明，如果中国愿意，可以在减少不平等方面做得更多。在大多数国家，对富人征税的通常方式是征收个人所得税。中国的个人所得税收入只占税收总收入的5%，而高收入国家大概是25%的水平。

中国还可以重新设计社会保障体系。这样，低收入人群缴纳的税款更少，但获得的福利更多。如果目标是随着时间的推移来影响不平等，而不是以直接征税和转移资助的方式去影响会怎样呢？我们可以以区域不平等来举个例子。中国和许多国家一样，大城市、中等城市、小城市和农村地区的收入水平存在巨大差距。这是世界上常见的，但如果你观察新兴市场，通常，如果你用一些衡量标准，比如有多少人继续完成大学学业来观察，在大多数国家，大多数新兴市场国家，农村和城市之间存在差距，农村人口上大学的可能性要低15%。在中国，这一差距更大，大约是25%。农村地区的人们不太可能有银行账户或和金融系统有什么联系。随着时间的推移，他们的收入会越来越低。当然，随着时间的推移，在过去的10年里，中国农村地区实际上比城市地区做得更好，增长速度更快。但尽管如此，让人们从农村迁移到城市确实有助于减少不平等，并通过交通、能源、通信方面的发展促进其经济增长，同时也可能与中国其他经济领域的大学和大公司加强了联系。所有这些都将有助于减少整体和长期的不平等。

最后我想说的是，高收入的人们往往拥有更多的房产。如果对房产征税，对高收入人群影响最大。在中国，最近几年开始了有关房产税改革的讨论。然而，在许多国家，每年都要缴纳房产税。例如，在美国，我每年要为我的房子交房产税。每年政府都会估算我家房子的现值，不是几年前花钱买入时的价格，而是房子现在的价值。中国同样可以根据目前的房产价值每年征税，甚至可以对非常高端的房产或拥有多套住房的人征收更高的税率。同样，这将是一种通过向高收入或高财富人群征税用于给他人提供帮助的方式。

女性经济学与玻璃天花板

200多年前的1800年，世界上平均每个妇女一生中有6个孩子，当然，那时的预期寿命比现在短得多。按照传统，女性要承担抚养孩子的大部分工作。想想平均怀孕时间，加上照顾小孩的时间，再把更短的预期寿命考虑进去。据美国的一位专家估计，在1800年，世界上平均每个女性在成年后的70%时间里，不是怀孕就是在养育小孩，有时甚至同时做这两件事。如果你现在也这样计算，如今世界上一个女人平均养育2个孩子，今天女性的预期寿命也比1800年要长得多。21世纪的女性平均怀孕或抚养小孩的时间大概占成年人平均寿命的14%。在过去的几个世纪，世界各地女性的生活发生了巨大的变化，世界各地的社会都在进行调整，很多调整都已经完成了，许多国家在自己的宪法中都有承诺男女平等的法律或相关条例规定。

例如，中国宪法保障妇女在生活的各个方面享有与男性平等的权利。但环顾世界各地的企业和政府，你会发现，女性代表仍然很少见。即使在21世纪，女性高管比例也并不高。下面，我们将讨论三个与女性经济学相关的话题：第一，"玻璃天花板效应"对女性领导角色意味着什么；第二，有哪些因素限制了女性在组织中晋升为领导角色；第三，有哪些政策可以帮助打破这种玻璃天花板。

让我们从第一个话题开始。玻璃天花板是什么意思？玻璃天花板是一个术语，据我所知，它最早出现在20世纪70年代末和

80年代初，被美国不同的演讲者和作家用过。玻璃天花板的意思是说，在许多组织架构中，包括企业和政府，女性经常被提升到一个特定的级别后就不能再往上升了。通常没有任何官方政策规定女性不能得到进一步提升，但事实就是女性得不到特别高的职位。所以当女性在组织中上升到一定程度，她们看更高的位置就像她们透过玻璃天花板去看东西一样，即使能看到，她们也不被允许到达那个位置。女性在组织中奋起反抗，直到撞到玻璃天花板。有没有例子可以解释呢？想想中国的企业界，你会发现中国大约仅有17%的高管是女性，远远没有到一半的程度。

当然这个情况并非中国独有，美国的统计数据也差不多，美国女性约占企业高管总数的20%。在德国等一些国家，这个数字更高一些，女性在商界的高管职位中约占29%；而日本的这一比例低于上述任何一个国家，大约只有12%的高管是女性。如果不看企业，以2008年中国的全国人民代表大会为例，其中大约有25%的代表是女性，不只是中国，世界范围内都是这样。世界各地的议会和立法机构，平均来说，女性约占议员总数的1/4。上升到更高的职位，女性往往会变得更少。我们确实可以看到一些国家最高政治领袖是女性的例子，但即便如此，那些女性的最高级别政治顾问也通常是男性。

这种玻璃天花板在某种程度上似乎是不公平或错误的，但假设你是一个经济学家，你不关心什么是公平的、什么是错误的，你想知道的是：这对经济有害吗？答案几乎是肯定的。想象一下，有个国家拥有很多自然资源，要么是高产的农田，要么有河流流经这个国家，形成天然的优良港口，可供船只轻松地进出、停泊，要么这个国家有便宜又易于开采的石油资源。而假设我们决定这个国家有一半的农田不会被利用，有一半的天然港口不会被利用，有一半的石油不会被利用，大多数人一定会说这太疯狂了，为什么不充分利用另一半的自然资源呢？女职工也是一种自然资源，当社会存在玻璃天花板，就说明没有充分利用人力资源。

那么，女性晋升到高层的障碍有哪些？大多数公司高层的人都是从基层做起的，让我们来看看到达顶端的一些步骤和渠道。例如，我们可以从教育开始，在教育方面，在中国已经有超过一半的大学生是女性，而且她们学得很好。以前或许并非如此，但展望未来，劳动力的教育水平应该是男女平等的。

开始工作后又会怎样呢？事实证明，当中国女性开始工作时，她们更有可能在秘书和会计岗位上工作，而男性更有可能在技术和制造岗位上工作，男性的职位薪酬更高，但这只是问题的一部分。男性的职位也更有可能通过职业发展道路一路晋升到高层，在一个公司里，获得晋升的技术工人比秘书要多，一旦你进入公司，对男性和女性，公司是否会给予同等的鼓励呢？

当然，现在很难衡量公司内部的态度，但是有几种办法可用来观察公司态度。一种办法是看公司在招聘员工时是如何做广告的。2018年发表的一项调研报告显示，通过研究2013年到2018年之间在公司网站、招聘网站和社交媒体平台上发布的超过6000个招聘广告发现，许多广告都指定招聘男性或女性，当他们谈论要雇佣一个男性的时候，广告上经常说这份工作强度很高，需要经常加班，需要很多的付出，所以需要男性。

和女性相关的工作经常会提到女性必须达到一定的身高、体重或者长相漂亮，这些特征似乎与广告上刊登的工作毫无关系。如果你的公司以这种方式做招聘广告，也许这说明了公司内部对女性员工的态度以及她们升职的可能性。还有一项中国女性的调查数据显示，有70%到80%的女性认为自己因为女性的身份在工作中遭遇不同的待遇：有时是工作机会更少，有时是培训机会更少，有时是晋升机会更少。这与婚姻和生育问题有关。在中国，有时在一个良好健康的婚姻中，男人会比女人赚得更多，事业也发展得更好，美国和其他国家也一样。在孩子问题上，中国企业被要求给母亲放产假，但这可能导致企业首先尽量不考虑雇佣女性。这样公司就不必承担她们休产假期间的薪资，也不必提拔女性，因为如果休产假，较低的职位更容易被取代。很可笑的是，有产假既能鼓励女性工作，又可能阻止她们升职。中国政府正在鼓励女性生孩子，但如果生两个以上的孩子，往往意味着就放弃了半生的工作机会，那么女性生育问题将是一个艰难的取舍，最终打破玻璃天花板的女性会越来越少。在中国，许多女性以企业家的身份开始创业，总的来说，这显然是件好事，但它确实让你怀疑，这些女性之所以自己创业，是否因为她们觉得在以前的公司得不到支持。

最后，还有一个关于男女性退休年龄的问题。中国目前的情况是，男性干部60岁退休，女性干部55岁退休，女性工人50岁退休。现在出现了一些关于推迟退休年龄的讨论，抛开这些议论不谈，这里的问题是，女性提前退休，限制了女性晋升至高层的机会。比如说，当女性到了40多岁的时候，她们接近于达到事业的顶峰，也接近于退休，因此作为晋升的候选人就不那么有吸引力了。如果一个组织知道女性将提前退休，那么它就没有理由去培训和重用她们。

针对以上问题，哪些政策可能会对女性有帮助呢？政府可以采取一整套政策。例如，政府可以逐步增加高层职位的女性人数，给整个社会传递一个信号，同样地，当政府选择国有企业的高管时，可以有意识地让更多女性参与管理。

政府还可以加强对性别歧视的执法力度，这里有很多现行的法律，中国的劳动法和其他法规禁止在工作中存在性别歧视，还有一部广告法禁止广告中出现性别歧视。如果在招聘、薪酬或晋升方面，一些公司由于对待女性与男性的态度不同而被罚款的话，就会迅速引起所有人的注意。还有关于妇女角色的问题，她们既要照顾儿童，也要照顾老人，一方面，人们可以通过产假让女性照顾孩子，但产假越多，女性离开职场的可能性越大，最终晋升到高层职位的女性就越少。所以，也许我们需要考虑照顾孩子和其他选择的因素。

同样，根据老年人权益保障法，人们需要赡养父母，而其中大部分都被认为是女性应该做的。因此，考虑到女性要拿出精力照顾孩子和老人，同时还要全职工作并获得晋升是非常困难的。每个国家都在努力思考，如何让高技能水平的女性获得更平等的权益。在包括中国在内的世界各国，妇女历来是未得到充分利用的经济资源。许多国家，比如中国，已经向男女教育机会平等迈出了第一步，中国和世界各地的年轻女性正在进入职场。

企业和政府应该充分利用女性的才能，不仅要从职场起步，还要从最高层开始。随着时间的推移，希望越来越多的女性能够真正打破这层玻璃天花板，而那些充分利用女性能力和给女性升职的组织和公司将会取得优势。